U0042945

RICH
ARK

致富方舟

RICH
ARK
致富方舟

죽지 않을 만큼 매수하고

죽은 것처럼 매도하라

강영현

不怕死地買進，
　　瀕死般地賣出

康榮賢

TIMING TO BUY, SELL, MAKE A FORTUNE

買 入 時 機

輕鬆判讀經濟指標、自信選股的散戶進擊投資法

賣 出 時 機

살 때, 팔 때, 벌 때

獲 利 時 機

康榮賢 著　蔡佩君 譯

方舟文化

推薦語

　　其實我不懂股票，但我很了解康榮賢。他從大學開始就很認真並努力鑽研股票，會因為自己的洞悉而猶豫不決，有時候又會過度埋首於其中。

　　他為股票又哭又笑，不知不覺間也步入了中年。他能夠在汝矣島[1]這個看似華麗卻實而孤獨的冷酷之森堅持到現在，就連身為朋友的我，都覺得他實在難能可貴。他告訴我，他寫了一本股票的書，看來現在的他有些關於股票的事想傳達給大家。我想叮嚀本書的讀者──不要相信康榮賢，請不要相信他，而是要利用他。歸根究柢，決策還是要靠自己。康榮賢可能會失手，也可能會誤判。但至少據我所知，他依然努力地把失誤降到最低，不斷卯足全力做出更正確的決定。其實在某些情況下，比起做出正確的判斷，最困難的反而是「相信自己的判斷並付諸行動」。我看過很多次做完決策依然猶豫不決的康榮賢，也看過他過度埋首於某些決策中，所以，請不要相信他，而是要利用他。

　　如果你想要好好利用他，這本書就是最佳的選擇。他為了在篇幅有限的書中收錄自己的判斷標準和投資心法，歷經反覆修改，才嘔心瀝血

1　編註：有「韓國華爾街」稱號，是韓國證券交易所的所在地。

地完成了這本書。這本書就是康榮賢使用手冊，如果你想好好利用康榮賢，就讀一讀本書吧！

元重在 ｜ 法務法人世宗中國法人代表律師

讀完本書之後，我對作者在股市投資上的洞悉與手法感觸頗深。本書敲響了警鈴，企圖點醒在股市裡已經失去直覺和常識的投資人。內容講述了我們要如何以宏觀市場為基礎，使用由上而下式投資法，聰明做投資，也提出了身為投資人不能不知道的投資觀點。作者是投資老手，很清楚何謂經濟指標，以及經濟指標會對股票帶來什麼影響。作者講述了對於這些指標的基本分析與了解，會如何帶來珍貴的洞察力，從而讓我們了解市場的動向，也解釋了這些指標如何幫助投資人做出建立在情報上的投資決策。

　　本書簡潔有力，就算是略懂股市的人，也能從中輕鬆了解股市的概念與原理。除此之外，為了實質體現出投資的核心要點與投資策略的概念，作者還提出了實際案例及研究結果作為輔助。

　　如果你想更深度了解股市，想使用由上而下式投資法聰明做投資，誠摯推薦你閱讀本書。

李世榮｜成均館大學媒體傳播學系教授

當你感覺自己好像懂了些什麼，便要從頭開始學習。
千萬別根據他人的自信來決定自己的投資。

前言
希望這本書能成為藍圖，
獻給朝向遠方旅行的你

　　回想起年輕時，為了學習股票投資經常去書店晃悠的那段時光，我便有點害怕提筆寫下與投資有關的書籍。我擔心自己所寫的書，是不是對某些人而言，只是一段毫無用處的廢話；另一方面又希望自己的書，能夠有如過去我自己曾經每天帶在身邊翻閱，非常喜歡的書一樣，對於某些人而言富有意義。想到這裡，肩膀就沉重了起來。

　　投資的過程中，鬱悶總如泉湧般滔滔不絕，反覆歷經失敗，帶來了無盡的憂傷。研究成功人士的歷程、追尋成功投資人的經驗，不僅沒有帶來成功，反而可能愈虧愈多。每天都認真鑽研，但學習的過程並不順利，內心感到非常委屈、想哭，有時甚至會跌入想尋死的絕望之中，上述這樣的經驗我都經歷過。我在想，也許我能為讀者帶來一點什麼也不一定！

　　如果能寫的內容有限，我會想收錄怎麼樣的內容呢？我想篩選出，就算時間流淌也能夠長時間反覆咀嚼、富有韌性的內容。談論投資技法的選擇雖然十分多元，但相較之下我在這方面的投資經驗並不多。而且書店裡目前也已經有很多談論這類主題的書籍了。

我首先限縮了範圍，所以在決定本書的主題時並沒有遇到太多困難。我希望散戶在面對使他們感到茫然的投資分析時，本書可以成為智慧的溶劑，幫助散戶解開那些盤根錯節，有如石頭般堅硬的因果關係。

　　優秀的投資分析和策略並非專家的專利。利率、企業績效、領頭產業、週期、企業「估值」（valuation）等用語，雖然看起來好像很難，但逐一了解後，就會發現它們不過是把一些常識有效壓縮加工而成的用語。我認為股市就好比我們在和朋友聊節氣變化一樣，散戶肯定也能基於非常基本的常識，以及對股票合理的了解與情緒，與股市專家進行溝通。

　　至於那些進入股市後失去直覺與常識的投資人，我希望這本書能夠重新喚回你們的感覺，也希望這本書對於還在苦惱、不知從何著墨的投資人而言，是一本可以隨時都能輕鬆翻閱，有如指導手冊一般的書籍。我在書中很努力與大家一起探討單純卻又充滿洞見的投資指標，有時候一張照片比 100 頁論文來得更有用，對吧？

　　對於喜歡基於宏觀分析，使用「由上而下」（top-down）式投資的投資人，本書可以幫助你們針對經濟指標進行基礎的分析和理解。我相信歷史總會反覆上演，而裡面存在著源源不絕的真理。所以，除了股票以外，我也企圖把投資的範圍拓展到債券、原物料和貨幣。

　　我的方法不是正確的唯一解答，只不過是其中一種模範答案。相較於明確的原則，我更傾向於使用機率計算的方式，我會藉由自己過去成功的經驗，為各位進行講解。過去的我，渴望在股市裡功成名就，我希望這本書可以成為一張簡單的藍圖，獻給剛出發的你。雖然無法一一詳

述，但我希望能夠讓各位看見市場整體的趨勢。

　　本書發行時，我希望投資人作為「價格接受者」（price taker），能夠從中找到從容，不要被困在天花亂墜的理論裡，也不要只懂得花言巧語，期望各位成為能懂得觀察並了解市場真實面貌的法布爾 [1]。

2023 年 2 月
康榮賢於汝矣島

1　編註：《昆蟲記》作者，法國博物學家、昆蟲學家。

目錄

PART 1

跌進煉金術裡的散戶，
需要的不是法則，而是原則

PART 2

基於指標的投資策略

PART 3

在什麼都可以買的市場上，
不知道該買什麼的投資人

PART
4

投資的過程不是填滿，而是淨空

成功的投資不是來自
外在的情報，而是始於自己。

跌進煉金術裡的散戶，
需要的不是法則，而是原則

TIMING TO BUY, SELL, MAKE A FORTUNE

股票投資有所謂的不敗法則嗎？

你知道法則和原則的差別嗎？我們會講萬有引力「法則」，但不會說萬有引力「原則」。我們說米蘭達「原則」，但卻不說米蘭達「法則」。原則在字典上的意義是——不論任何行為或理論，都必須徹底遵守的基本規則或法則。然而，法則指的是某個現象的原因，或結果之間存在著普遍且必然不變的關係。

投資股票的時候，我們往往會不經意地使用這兩個字，投資人之所以會被錯誤地洗腦，大多起源於法則與原則混用所衍生的問題。舉例來說，很多人會提出「股票投資穩賺不賠的法則」，但這句話如果可以用「原則」來替代「法則」會更好。法則必須包含有科學根據的因果關係。這世上真的有所謂穩賺不賠的股票投資法則嗎？至少從我的經驗來說並沒有。

讓我們以非常普遍被使用的均線來舉例。在蒸蒸日上的股票或產業圖表上，短期均線總是高於長期均線，這是均線的數學概念所產生的結果，屬於一種法則，而我們把這種狀態稱為多頭排列，所以「均線的多頭排列會出現在上漲的股票圖表上」，是非常合理的一句話。

但如果把這句話倒裝的話，會變成怎麼樣呢？「當短期均線位於長期均線之上，股價必定會上漲」。我們假設這句話是均線投資人的投資第一法則，我們將其稱為「多頭排列原則」，聽起來是不是非常煞有其

事呢？

繼續假設，如果從這個理論衍生出來的具體投資方法指出「投資時我們必須只選擇均線呈多頭排列的股票」，此時應該很多投資人都開始拍案叫絕了。

「原來要這樣才會賺錢，原來投資這麼簡單！」

與此同時，我們若把上述的理論稱為「技術分析交易法的成功法則」，它便會馬上成為許多投資人的信仰。不過，你們知道哪裡出了問題嗎？

這只不過是一段違反數學法則的典型邏輯謬誤。2 × 3 必定是 6，但是要得出 6 的方法並不一定是 2 × 3，1 × 6 或 12 × ½ 也能計算出 6。我們把等式倒過來看，使得導出結論的過程中包含邏輯上的缺陷，所以有時候看起來好像是對的，有時候卻又會招來鉅額虧損。

不過，若是把同樣的一句話以「原則」來呈現，就有可能成立。「我的原則是在均線出現黃金交叉 [1] 的時候買進」或「我的原則是當股價跌破 20 日均線的時候買進，等到 20 日均線跟 5 日均線的乖離率 [2] 超過 120% 的時候賣出」，這兩句話的內容不但沒有邏輯上的錯誤，而且是非常謙遜且適當的說法。

因為這裡使用的「原則」二字，指的是某種情況發生時，會採取相同方式的行為。在這種情況下，原則指投資人本身決定採取的行動，並沒有指出誰必須這麼做，或是這麼做了之後，一定會出現具有必然性和因果關係的法則。

但是投資人無法區分這兩種說法之間的差異，很多新手或是有經驗

---

1 短期均線突破長期均線上漲的現象。
2 特定日期的股價或指數除以移動平均線所得到的比率。

的投資人，明明看的是原則，卻把它當成了法則。法則是不變的定律，原則只是按照一定的規則執行，對結果抱持著開放的態度。如果把原則當成法則，就像把原則當成「必定會」且「不得不做」的事情，容易導致失敗。

收盤價脫離 5 日均線時賣出股票，這項原則只是願意這麼做的投資人，下定決心所做的決定。有些投資人可能會決定做短打，在股價跌破 5 日均線時買進，等回漲時賣出。這些投資人不管在什麼樣的情況下，就算聽聞不錯的新聞、消息、業績也毫不在意，他們決定好的原則就是以 5 日均線作為收盤價的標準，如果股價脫離 5 日均線就賣出。

「發生這種情況必須無條件賣出，不賣的話就會虧大錢」── 不過卻有很多專家會把這件事講成一種絕對法則，這是錯誤的。「他說要在 5 日均線上賣出，所以我就把股票賣了，可是股票隔天卻暴漲」── 而有些投資人可能會為此埋怨專家。這種交易方式並不是法則，如果把原則當成了法則，投資人會受到制約，對其他更有效的投資方法抱持著非常排斥且封閉的態度。

我經常看到許多投資人，在剛開始投資股票時就致力於尋找這類的法則。但我認為，投資人應該做的是先樹立屬於自己的「原則」，例如「不借錢投資」、「不投資自己不懂的股票」等。

二十幾歲出頭，我剛開始投資股票時，也一直想找到一個可以提供法則的黃金島。我沉溺在尋找有如寶藏圖的法則，浪費了許多時間。不對，我找的不是地圖，而是在尋找類似於導航之類的東西。我幾乎看過所有著名的書籍，當時大學一學期的學費是 180 萬韓元，我甚至還曾經

報名一個禮拜授課的價格比大學學費高出 30% 的講座，但我並不覺得這些經驗對現在的我有太多的幫助，原因在於，我雖然勤奮，但方向錯了，我一直費盡心思，想找出一個根本找不到的東西。

至今我已經投資股票第 24 年了，我遠離了法則，選擇待在了原則的身旁。我的原則是，**在股價指數處於高點時進行風險管理，一檔股票的持股比例不能超過 30% 以上，股票分多次買進，賣出時至少要分兩、三次賣出。**我絕對不把急用的錢投進股市，絕對不會幫朋友或親戚管理他們的資金。不清楚股市走勢的時候就大量持有現金，當市場走勢跟我的想法不同的時候，就乾脆抱著現金去遠方旅行。有如上述，我的投資日常是由許多瑣碎的原則所組成的一個大框架。比起法則，我更致力在有機率意義的地方，做出符合自我原則的行為。

想要成功投資，首先要做的就是，不要繼續在分不清楚原則和法則的情況下，天真地掉入「看似像樣的說法」（narrative）[3] 中，充滿勇氣把珍貴的財產丟進股市。在初次接觸股票的人身上，這種事情很常見。不去了解市場的情況，一昧認為長期投資就是最好的，死背股票圖表的型態，用像是玩花牌找對子一樣的方式觀察圖表的型態。投資的時候，認為下一次圖表肯定還是會出現相同的走勢，雖然表面上看起來不同，但是思考方式卻非常雷同。

投資的過程中，有很多我們容易跌落的陷阱，大多數都是因為邏輯上的跳躍所造成，貪婪被放大，恐懼導致我們失去判斷能力，結果變得無法控制。希望各位不要忘記，**成功的投資不是來自外在的情報，而是始於自己。**

3　敘事性，因為因果關係所形成的一連串事件。

日後，我們將會共同思考兩個非常重要的問題。首先是外部不規則變數的機率計算方式與應對策略，另一點要談的則是投資人非做不可的「變數控管」。我們有時候會被網路或是影片不需要的資訊占用大量時間，也會看著那些不太吻合情況的指標，因而產生毫無根據的信心，或是感到永無止盡的焦慮。

　　這也許是因為我們心裡面還是想要找到那個不知道身在何方的法則吧？

　　若長時間觀察市場，我們就能漸漸區分出能做的事，和不得不等待與接受的事。如此一來，我們就能夠縮短在可選擇的原則與找不到的法則之間，不斷感受到徬徨的時間。

　　學習市場的變化之前，我們應該先從自身學起。在尋找法則之前，應該先樹立原則，如此一來，才能不再四處搖擺不定，也才能決定方向繼續前進，還可以脫離莫名其妙的貪婪與恐懼。

　　想尋找股票投資的法則，好比是緣木求魚。如果不馬上放下這些根本無法成功，只會消耗時間和精力的事情，就會斬斷我們的投資。

　　首先要做的是：研究和調查與法則神似的因果關係所歸納而成的事實，但這種情況並不常見。

　　我們要做的只是：歸結出「業績持續成長的企業，有 80％ 股價會上漲」的事實後，仰賴這一點，把「我只將業績表現良好的企業納為投資對象並觀察其股價走勢」作為原則。

　　以華倫・巴菲特（Warren Buffett）來舉例，他的第一項原則是「絕對不可以賠本」，第二個原則是「徹底遵守第一項原則」。

也許有人會問：「不賠本的法則是什麼？」假如投資大師巴菲特聽到這句話，他應該會回答：「在危險的時候不要投資股票就行了」。但如果對方又接著問，什麼時候是危險的時候，他也許會回答：「每個時期都不一定」。這個問題很複雜，而且看起來沒有什麼合適的結論。但是股票之所以有趣，不就是因為自己判斷的結果可能會讓自己成為比其他人更有錢的大富翁嗎？

股票投資人是價格接受者

不是有錢的時候才買股票，
而要買在可以賺錢的時候

　　過去 15 年來，我在證券公司裡擔任股票經紀人（broker），這段期間最讓我感到惋惜的事情之一是：來證券公司的顧客裡，大多數人都沒有制定好投資計畫。照理來說，人們應該在市場情勢可以賺到錢時到證券公司，但大部分的人卻都是在口袋有錢時才找上證券公司。神奇的是，當人們有閒錢的時候，大多數投資標的的價格早已大幅暴漲了。

　　「我手上突然有了一筆鉅款，由於銀行利息不高，所以才想試著投資股票看看，可以給我一些建議嗎？」

　　「我工作了 30 年，突然被迫退休了。我想慢慢試著投資股票，該怎麼做比較好？」

如果運氣好，牛市又持續走強，結果會怎麼樣倒還不一定，但在這種情況下，如果市場發生劇變，突然轉成熊市，投資結果就不會太樂觀。市場非常自我中心，不會遷就任何人，不會因為你需要錢或是你想賺錢就給你機會，也不會因為銀行或房地產無利可圖就同情投資人。但是投資人普遍都是因此開始投資的，這也是為什麼，韓國市場到現在都依然認為投資股票是跟賭博差不多的行為。很多人都是因為沒有其他選擇，不得已只好進入股票市場。

　　但是，股票只有在市場的允許下才可能獲利，我們的想法和期望一點都不重要。再優秀的漁夫，只要大海不允許，就沒辦法出海；就算你急著想賺錢，只要市場不允許，你就賺不到。

　　同樣的道理，投資要先從市場情勢開始了解。要先確認市場是否有提供投資人一個安全的環境，再開始投資。在通貨緊縮或景氣衰退等市場條件不佳時開始投資，就意味著這場投資打從一開始就處在非常艱難的環境之下。

　　直到做出最後的決定之前，我們都必須持續觀察「市場」的氛圍。「現在是可以透過股票投資賺錢的時期嗎？」最好在一開始就獲得市場的允許，先去了解：假如現在開始投資要承受多少風險，然後再開始進行投資。

　　不管是選股還是選產業，或是學習如何「操盤」（trading），其他方面的努力都是其次。想在投資上取得成功，長時間觀察市場很重要。變化無常的市場，會突如其來地提供好的投資時機，準備充分的投資人，就能夠擁有眼光，辨認出這些好機會。

我們分析的所有變數，都會在名為市場的重力面前發生變化，就如同時間和空間會受到重力而發生扭曲的理論一般。假如市場已經為我們鋪好路了，就可以投資了，那麼，接下來該怎麼做呢？

首先，在諸多變數中，我們應該先去區分「可控」與「不可控」的變數。明天股價會漲嗎？如果會漲，會漲多少呢？這種問題從事實上來說，根本無法預測。儘管如此，人類的大腦還是非常專注在這類問題上，而且不斷費盡心思，想找出可以理解不可控變數的方法；還會四處加油添醋，尋找證據，想證明自己的判斷沒有錯誤，隨著腦海裡的確認偏誤愈來愈嚴重，那些關乎於直覺，且有利於長期判斷的相關資訊，則漸漸失去立足之地。

我們來舉一些有關長期判斷的例子。

「韓國綜合股價指數在匯率下跌的時候會大幅度上漲。」、「在高失業率的時候買股票，比低失業率的時候更為有利。」、「Fed [1] 調漲利率，當長短期利差出現逆轉不久之後，實體經濟有很高的可能性會發生大型事件。」

這些資訊看似對於短期交易沒有幫助，但長期來說卻是非常具有價值且重要的命題。這些不是以當下百分之幾的獲利與虧損就能解決的問題，但從長遠觀點決定投資脈絡時，都是有如寶石一般不可錯過的判斷指標。

讓我們再來舉個有關匯率與股價指數的例子。「當匯率上漲，出口就會增加，當大企業的出口增加，企業的業績就會好轉，股價也會隨之上漲。」這種想法非常合乎常理。

---

1 編註：Federal Reserve System，聯準會，是美國的中央銀行體系。

但是，我們來看看下列圖表的走勢吧。任誰來看，都能看出下表的走勢，很明確呈現出 X 型的反向走勢。當韓元兌美元匯率（橘線）上漲時，韓國綜合股價指數（KOSPI）就會往反方向下跌，圖表的結論跟上述的想法完全相反。

●…… 韓國貿易指數與綜合股價指數

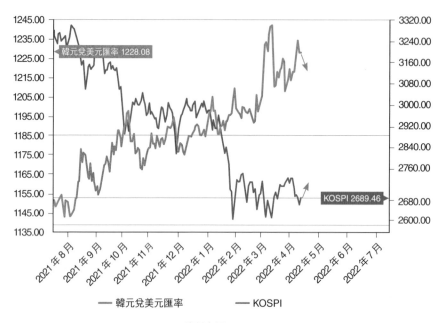

資料來源：Bloomberg

會這樣的原因在於，韓元的匯率是全球貿易的指標。當全球經濟好轉，韓國的出口就會大幅增加，韓國境內的美元供給會隨之增加，在這種情況下，全球投資人對韓國的投資也會大幅增加。所以，當市場預期韓元的匯率即將走跌時，外資的股票買進數量則會增加，大多情況下，股價指數都會上漲。

但是，假如匯率上漲，股價指數就會呈現相反的趨勢。由於市場預期全球經濟將會惡化，外資便會賣出韓國股票、債券、房地產，兌現成美元，資金將會流向海外。所以，匯率將會持續上漲一段時間，反之，股價綜合指數將會呈現跌勢。

　　誠如上述例子，股價走向和波動的幅度雖然重要，但是投資最需要的其實是釐清先後關係。雖然股市與外匯市場會相互影響，但是匯率的漲跌，是在大趨勢下判斷股市狀態時，最需要被優先觀察的指標。

　　我們再來看下方的「失業率與股市債券的合併報酬率」圖表。這張圖表在我投資的過程中，為我帶來了值得珍藏一輩子的洞見。圖表上灰線的部分是美國的短期失業率，呈現的是未滿六個月的短期失業率，當它往下走的時候，左側刻度的失業率就會增加。

●⋯⋯ 失業率與股市債券的合併報酬率

（單位：%）

—— 美國 4 週移動平均線／6 週移動平均線　　—— 股票 60：債券 40 投資組合合併報酬率

資料來源：Bloomberg

當指標隨著刻度下跌時（失業率上升時），隨著右側刻度移動的橘線，也就是股債 6：4 的合併報酬率也會同時走跌。從這張圖上，我們可以看出非常單純且強勁的相互關係，當短期失業率獲得改善時，債券與股票的合併報酬率就會大幅轉好。

　　但我們需要懂得愈多愈好嗎？資訊的質量比數量更重要。比起知道十種成功機率落在 50～60% 的方法，只知道一、兩個勝率 99% 的方法，對投資來說反而更有幫助。

　　什麼時候最適合投資？答案也許是失業率飆升的時候。即使你不是專業投資人，每天都忙於工作，或者是財經方面的知識沒有這麼充足，但只要知道失業率攀升到最高點，然後開始下跌的時候，就可以分散投資股票和債券，這樣就夠了。投資時，我們會遇到很多複雜的問題，例如，戰爭什麼時候會結束？通膨什麼時候會下降？現在美股算貴嗎？做投資決策之前，雖然需要對各種變數進行明確的判斷，但是投資人幾乎不可能準確計算所有的變數，我們要做的只是觀察而已。如果想要長期投資股票，就要仔細觀察失業率的走勢。

　　隨著失業率暴漲，真的就會迎來債券和股票價格下跌的大好機會嗎？難道我們要等待像 2020 年一樣發生傳染病和戰爭的情況再現嗎？不是的。除了這些原因以外，其實每十年都會有一次這樣的機會發生，只是過去當機會找上門的時候，我們還沒有做足準備，所以沒有辦法辨認出機會已經來臨。結論非常簡潔明瞭，只要做好準備，可以在各種複雜的事件裡辨認出其中的「大趨勢」就行了。

　　下圖是美國 10 年期公債與 2 年期公債報酬率的差異。通常在正常

的市場下，10 年期公債的報酬率會高於 2 年期公債。舉例來說，假如 10 年期公債的報酬率是 4%，而 2 年期公債的報酬率是 3.2%，兩者之間的差異就是＋0.8%。出現這樣的利差（spread）才是正常的市場。

●⋯⋯ 長短期公債報酬率逆轉

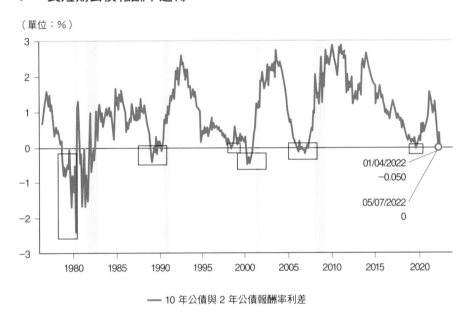

資料來源：longview economics, macrobone

　　但是這樣的利差，大約每 10 年就會出現翻轉，在這種情況下，短期公債的利率就會高於長期公債。如果把這種情況用圖表呈現出來，就會像上述我們所看到的一樣，報酬率會在一定的期間內反覆發生波動。以「0」作為基準線，當橘線位於下方時，就代表發生了「利率倒掛」（yield curve inversion）的情況。當報酬率出現逆轉後，經過一段時間，

我們就可以看到，圖上畫著一條深灰色的長條圖，而這裡就是所謂的「經濟衰退」（recession）期。經濟衰退時期，最明顯的現象就是失業率暴增。前面「失業率與股票債券合併報酬率」上失業率最高的時期和「長短期公債報酬率逆轉」上的灰色棒狀圖所標示的時期，完全吻合。

綜合上述，景氣衰退期會創造出失業率的最高點，也就是最適合投資的時間點，而在景氣衰退期出現之前，低報酬率的曲線逆轉現象，就會像是「天啟」，出現在我們面前。如果可以妥善觀察並了解這個現象，會對我們帶來偌大的幫助。那麼，為什麼會發生低報酬率逆轉的現象？這種現象又為什麼會週期性地出現呢？

原因就在於 Fed 反覆進行信用膨脹和緊縮。當利率下調和上漲時，市場就會像是呼吸一樣，反覆發生過熱和停滯的現象，在這個過程中，報酬率的曲線必定會發生逆轉。1970 年代過後的 50 年來，總共發生了 8 次經濟衰退。除了 2020 年新冠肺炎所造成的經濟衰退以外，所有的經濟衰退都是因為 Fed 升息所引起。

結論很簡單，只要等宏觀方面開始順風時再投資就行了。不要在想賺錢的時候進入市場，不管是什麼時候，只要進到市場，等待市場出現有如天啟般的徵兆，接著等觀察到市場出現信號，再果敢開始投資就行。我們通常對每個月初公布的韓國貿易收支、1 年開 8 次左右的美國 FOMC（聯邦公開市場委員會）、每季公開 1 次的 GDP（國內生產毛額）與每個月公開 1 次的物價、消費、失業指數等資料興致缺缺。這些資訊也許對於了解明天股價的走勢沒有幫助，但是從大框架來說，對投資而言是非常重要且準確的工具。

反過來說，我們雖然能在一定時間內戰勝市場，但是不了解大趨勢的投資人，最終還是得承受鉅額虧損。

收益不來自投資人，而是來自市場

何謂價值？你能夠準確說出什麼是價值嗎？大家應該都聽過價值投資，也很熟悉價值股一說，但你思考過什麼是價值嗎？一時之間應該不好回答吧？因為價值是一種「形而上學」的詞彙，肉眼看不見，而且會隨著個人主觀意識不同而改變，非常模糊不清，沒有正確答案，不容易被量化，也很難定義出標準。

我們都想用低於股票自身價值的價格，買進有價值的股票。但是我們不知道何謂價值，也不知道價值是多少，卻在這種情況下只想找尋最低點，乍看之下，其實處在不太能被理解的矛盾之中。

為了解決這種混亂，資本主義研發出了一種可以找出特定財物或勞務價值的「價格系統」。資本主義藉由群體報價來回答「你認為『價值』多少錢？」的問題，我們設計出了一個方法，可以降低誤差和誤判所帶來的風險與費用。嚴格來說，在交易所裡交易的股票，是一個大家約定好透過多數決的方式，針對所有人都不了解的某家企業或某個事業，決定出它的價值，接著再透過「報價」，表達出投資人意向的行為。

在這個把價格和價值混為一談的世界，我們雖然把價值換算成價格，不區分兩者之間的差異，但你如果想了解何謂投資，就必須盡快了

解這兩個概念之間的差異。

即便我們認為「有價值」的東西，只要市場上沒有發現它的價值，或給予相對應的評價，都是無稽之談。因為股市不屬於自然科學，而隸屬於社會科學。如果整體社會沒有達成共識和肯定，價值就很難上漲。

所以，對於投資市場不感興趣的股票，還自詡是在進行「價值投資」；或盲目相信自己的分析資料；又或是不顧市場走勢執行鉅額投資，吹捧著長時間以來所經歷的痛苦是價值投資，都是非常不合理的行為。這些都只是在說明一件事——你不會投資。

所以我們投資的時候，總是在進行預測。不過，投資就像自然科學的法則一樣，不存在對或錯。當我認為這檔股票看起來有價值，就算買進 10 年來都沒漲過的股票，又有誰可以說我是「錯的」呢？這麼做只不過是賺不到錢，但我們也不能瞧不起他人對於價值的見解。購買股票的過程中，必然有可能高價買進沒有價值的股票，也可能會用合理的價格買到有價值的股票。投資行為的本質就是要看穿價值與價格之間的差異，讓他人產生共識。在這個過程中所形成的價格，絕對無法單靠一、兩位投資人的力量所決定，原因在於，價格是由許多不可控的人們所決定出來的結果。

參與市場的我們有義務尊重且接受市場的決定，我們是以價格接受者的身分，參與在這個市場之中。

但是，有很多人過度盲目相信自己的推測和分析，不僅如此，他們不以價格接受者的身分，而是以決策者的立場在參與這個市場。買進有價值的股票，跟考慮要不要以當前的價格買進，是兩種不同的選擇，理

當要區分清楚。總而言之，分析能力和洞察能力都很重要，但是如果想在股票投資上取得成績，「觀察」能力是非常重要的資質。在了解市場之前，我希望投資人可以先思考自己要站在什麼樣的立場上面對市場。

重點是「When to buy」

不會區分漲退潮的投資策略

　　股票投資，光認真並沒有用，還得要拿手才有用。但是拿手這件事，有時候看起來又像是運氣好，只要時機對了，不管是有經驗還是沒經驗的人，都可以一起輕鬆賺大錢。但情況相反時，所有人也會賠錢。

　　時機不好時，有經驗的人會比較吃香，重點在於投資人有沒有從過去的經驗中，培養出解讀數字的眼光和設定時機的判斷力。

　　在這個章節裡，我們會一起探討解讀數據的方法，學習如何把數字傳遞出來的經濟趨勢應用到投資策略上。我們會從單純分析數字所傳達的訊息開始，再進一步思考該如何把數據應用在投資策略上，並區分出這些數據中，哪些指標適合自己的投資組合，還需要再繼續觀察。

　　請看下頁的圖表。這是 2022 年投資美股 60%、債券 40%可獲得的

投資報酬率。

2019～2021 年，只要持有股票和債券就可以大舉獲利。但是相同的投資策略，在 2022 年時卻創下了百年以來最差的報酬率，即便你花了很多時間選股，結果依然會非常淒慘。做其他決策之前，重要的是先判斷「現在是不是適合投資股票的時機」。

●⋯⋯ BofA 全球投資組合報酬率（美國）

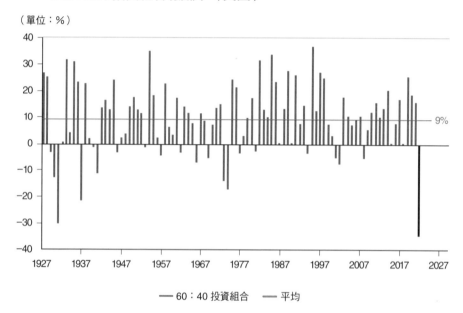

（單位：%）

—— 60：40 投資組合　—— 平均

資料來源：BofA Global Investment strategy

投資策略的花言巧語（rhetoric）中，最具代表性的就是「股票只要長時間持有就會上漲，所以先買進然後長期持有，就可以大舉獲利」。這個理論來自股價指數長期看來都處於走揚的狀態，所以只要長期投資

就可以獲利，與此同時，他們還會摘錄長線投資大師巴菲特與彼得・林區（Peter Lynch）的部分言論，支持自己的主張，然而，事實真的是這樣嗎？

由於韓國的股票大多數情況都不是這樣，所以讓我們以美國的微軟舉例。

2000 年股價達到高峰的微軟，在 2017 年終於結束大幅度的跌幅回升了，體現出了長期投資所帶來的勝利。爾後落在 60 美元左右的微軟股價，在 2020 年飆漲至 350 美元，如果長期投資不僅可以回本，還可以大舉獲利，似乎沒錯。因為事過境遷，回頭看股票線圖確實是這樣，但有人想過，這 17 年來，這些投資人過著怎樣的生活嗎？2008 年美國大蕭條過後，股價翻了 10 倍的股票比比皆是。但是這 17 年以來，在如此眾多的經濟變數之中，他們只能勉強保本，然後額外獲得了一些補償，這真的是什麼偉大的投資策略嗎？

●⋯⋯ 微軟 2000～2017 年股價

資料來源：yahoo finance

我們再看到下圖，這個指標被稱作「巴菲特指數」（Buffett's ratio，又稱巴菲特指標）。巴菲特指數反應的是 GDP 與股市總市值的比率，從而判斷市場整體處於被高估還是低估的狀態。2000 年時，任誰看來，市場都已經進入了 172% 的金融高估狀態。

可以肯定的是，2019 年以後市場所處的高估狀態，更勝於 2000 年網路泡沫時期。某一些股票可能會跟微軟一樣，面臨超過 10 年，甚至近 20 年的非自願長期投資狀態。

●······ 巴菲特指數

（單位：%）

GDP 的 172%
未來 10 年的報酬率是 -17%

當今 GDP 的 184%

GDP 的 65%
未來 10 年 S&P 500 的收益是 366%

GDP 與股市總市值的比率

資料來源：Kailash Capital, LLC

神奇的地方在於，當巴菲特指數進入高點區時，巴菲特也申報了美

國原油和天然氣業者的股份，選擇繼續投資。這是不是巴菲特不看重市場的證據呢？對此，巴菲特說了，如果投資標的或產業，擁有足以在市場洪流中支撐自己的護城河，他就會投資，就算市場正在大幅動盪，他也會堅韌不拔地繼續推進。

巴菲特說：「沒有人能夠猜對市場的走勢，這種時候就應該專注於研究個股」。他的意思只是希望大家不去猜測市場的走勢，但他從來都沒說過：我們沒必要觀察市場，應該對經濟動向睜一隻眼閉一隻眼。但人們只看到上頁的圖表，就懷疑「巴菲特真的有在觀察市場嗎？」我們來看看巴菲特的投資組合。從他 2022 年申報的資料上看來，他持有蘋果（占比 42%）、美國銀行（占比 10%）、雪佛龍（占比 8%）、西方石油公司（占比 4%）等股票。當然，以 2022 年為基準，蘋果和美國銀行目前正寫下-30%左右的報酬率。

巴菲特幾乎集中火力投資在蘋果，景氣敏感類股的部分則集中投資在銀行、石油和天然氣等相關產業的公司。他已經按照典型的景氣循環後半階段、升息與通膨，建立好了投資策略，目前處於堅持等待的階段。

相較於此，讓我們來看看著名的 ETF——ARKK，這是一支典型的成長股指數型基金。升息與通膨期間，成長股的報酬率簡直慘不忍睹。過去飆到 150 美元的 ARKK，股價回跌至 30 美元，消失了五分之一。也就是說，集中投資成長股的成長指數型 ETF，目前的行情已是如此。

有證據可以證明：由於巴菲特身為價值投資者，所以就完全不觀察市場，不進行宏觀分析嗎？巴菲特有說過這種話嗎？他所說的只是：比

起預測宏觀走勢，他更傾向於觀察市場的變數。除此之外，如果以個股為核心，把市場的宏觀環境作為一項變數進行計算，由於對與錯的範圍非常廣，因此即便出現不好的狀態，也不會受到太大的衝擊，巴菲特所謂的策略運用也只是如此。巴菲特的意思就是，如果遇到危險，那就大幅提高現金流。

巴菲特經常說，為了以防萬一，他會長期維持自己的投資組合，或者是透過改變產業個股來規避風險。巴菲特從來沒有說過：他完全不進行宏觀分析，或是根本漠不關心。

反之，他所說的「集中分析成長型個股」的理論，跟 ARKK 完全一脈相承。巴菲特明明就按照宏觀分析的經濟循環在進行投資，只是他把企業的成長和自身成熟的經驗與自信融入其中，沒有任何證據可以證明巴菲特不觀察宏觀經濟。

閱讀巴菲特的著作，就可以看到，巴菲特所說的是：不要過度專注在市場的走勢，企圖預測今天或明天的股價，應該把這些時間拿來研究個股。他所說的只是「不要執著於操盤，只顧短期報酬率，要把目光放遠，在大趨勢下進行長期投資」。

彼得‧林區跟巴菲特有說過「股票只要持續買進，完全不需要賣出」嗎？從來沒有。巴菲特雖然不做短期交易，但還是會買屬於景氣循環股的煉油股和銀行股，甚至也會進行停損。更何況，他從來就沒有像那些不知道經濟處於什麼狀態，只是無知地拚了命買進科技（tech）股，然後抱著不放的投資人一樣，說著「觀察個股比觀察市場更重要」，巴菲特實際的投資行為，明明就跟這些說法大相逕庭。

有人問巴菲特：

「你如果賣出股票，市場肯定會暴跌，那麼，你是如何準確判斷市場的呢？」

巴菲特說：

「我雖然不做短期市場判斷，但假如市場上已經看不到便宜的股票了，而我選擇賣掉股票、持有現金，市場也只是因此崩盤罷了。」

　　巴菲特雖然沒有拿宏觀指標作為交易股票的基準，但是他很明顯有在判斷市場目前處於什麼狀態。然而，他從來就沒說過：當股票處於便宜價格，而且接下來還會更便宜的狀態下，就可以不需要考慮經濟狀態與利率，可以在不知道市場循環處於哪一個階段的狀態下，拚命買進股票。

　　他雖然不會去預測市場的漲跌，但是無時無刻都在觀察著市場的狀態。他不是不知道市場處於什麼狀態，只不過是不想分析未來。分析股票和產業時，一定要同時分析利率與產業循環，這是我從經濟學上學到的公式，請各位不要懷疑。他們這些人，就是可以把這個公式結合到實戰投資上的成功人士。然而這些賢者的名言，只要橫跨太平洋來到韓國，就會變得異常扭曲。要把這些至理名言當作投資的參考之前，必須要了解上下文的說法。

　　從投資策略來說，「什麼時候交易」是決定要交易什麼的最先決要

素。升息的初期和尾聲，經濟和股票會呈現非常不同的狀態，隨之受惠的產業也會出現非常明顯的差異。

　　判斷目前是升息還是降息，都不只是針對股價指數上漲或下降的判斷。同樣一檔股票，是以 10 倍 PER [1] 被交易，還是已經下跌至 3～4 倍，會決定交易的成敗；上漲 30% 以上的股票，增長率也可能跌落至 10% 以下；公司也會因為利息費用，把辛辛苦苦賺來的營業利潤全都吐給銀行。事實就擺在眼前，我們還能說市場分析毫無意義嗎？

　　請看下圖。1996 至 2013 年，股市雖然反覆漲跌，但最終依然被困在箱型之中。股價一路走跌至 2003 年，從 2003 至 2007 年又再度復甦，2008 年開始又因為次級信貸危機再度走跌。接著從 2013 至 2019 年，股市又上漲了 6 年。

●⋯⋯2000～2013 年 S&P 500

資料來源：Charlie Bilello

1　編註：Price-to-Earning Ratio，本益比，計算公式是：股價除以每股盈餘。

● ⋯⋯ 2013～2022 年 S&P 500

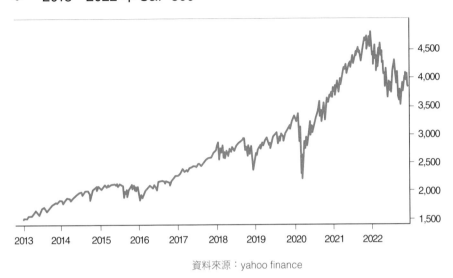

資料來源：yahoo finance

　　如果單獨擷取 2014 年到 2019 年的股價指數來看，大家可能會覺得股票肯定會上漲。所以股票只需要長期持有，最後必定會上漲，只要股票下跌的時候再多買一點，長期持有就行了。但是，事實真的是如此嗎？我們必須一起看看這背後究竟意味著什麼。

● ⋯⋯ M2 增長率與 CPI

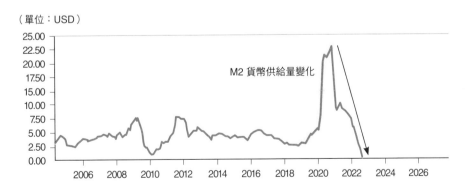

（單位：USD）

M2 貨幣供給量變化

（單位：%）

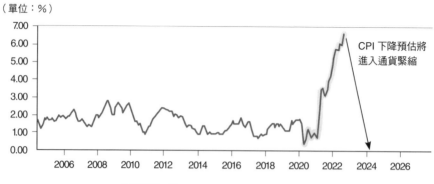

資料來源：Bloomberg, Bureau of Labor Statistics

　　上圖描繪的是 M2（廣義貨幣）的增長率與 CPI（消費者物價指數）。2009 年以後，有將近 10 年的時間，CPI 都處於低於 2%以下的極低狀態。這段時期政府與 Fed 透過各種路徑（route）扶持經濟，從中我們可以看出，他們希望的不是降低 CPI，而是提高 CPI。

　　讓我們再把目光放到下頁的圖表上。這段時期美國執行了 QE1（2009）、QE2（2010～2011）、QE3（2012～2013）的大規模量化寬鬆政策。接著又因為 2020 年的新冠肺炎大流行，甚至還執行了 QE4 的無限量化寬鬆，放寬市場的流動性。從 2009 到 2020 年的走勢裡，我們能更仔細地看到這個狀況。黑色方框的地方是股市總市值對比 M2 增多的時期，這段時期都出現了 Fed 大規模的經濟振興政策。我們可以看到，過了這段時期之後，S&P 500 指數就會出現一定程度以上的上漲。

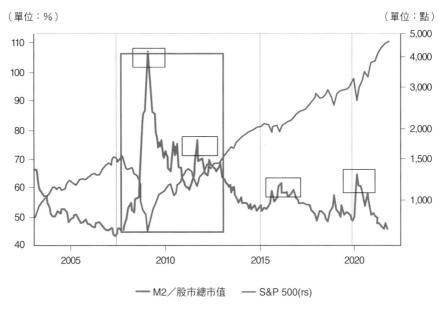

● …… M2 對比股市總市值與 S&P 500 指數的走勢

（單位：%）

（單位：點）

—— M2／股市總市值　　—— S&P 500(rs)

*MSCI Large, Mid & Small Cap index

資料來源：Alpine Macro, 2021

　　橘色背景的區域，表示的是 2013 年以前箱型市場的最高點。灰色大方框的部分，是為了收拾 2009 年美國次級信貸（subprime mortgage）危機的殘局，Fed 採取經濟振興政策，進行了流動性供給。實際上，我們雖然無法在絕對的標準上進行比較，但從股市總市值對比 M2 的供給上，我們可以得知當年的供給量遠高於 2020 年。

　　用鳥瞰圖觀察市場趨勢，我們可以發現，股票市場並不是真的自己在波動，而是 Fed 這位大老兄在動。結果流動性既是 alpha 也是 omega [2]。準確掌握 **Fed** 的政策和意向，是決定股票投資時機與預測市場未來

2 譯註：此句源自《新約聖經》的《約翰啟示錄》，Alpha 是第一個字母，Omega 是最後一個字母，代表著「是第一個，也是最後一個」的意思，延伸意義為「徹頭徹尾扮演著至關重要的角色」。

走勢的決定性關鍵（keystone）。

我們再看下方的圖。可以看見，2017 年開始，隨著股市總市值對比 M2 的增長率增加，股市開始強勢上漲。成長股從 2000 年開始就一直處於弱勢，直到 2009 年推出大規模經濟振興政策後短暫上漲，爾後又再度沉寂，直到 2018 年後，才出現爆發性的成長。由此可見，Fed 介入市場調整利率，不只會影響股價指數的漲跌，對於哪一個產業、哪一種類型的股票會上漲，Fed 也扮演著極為重要的角色。

●⋯⋯ Russell 1000 成長股上漲趨勢

（單位：%）

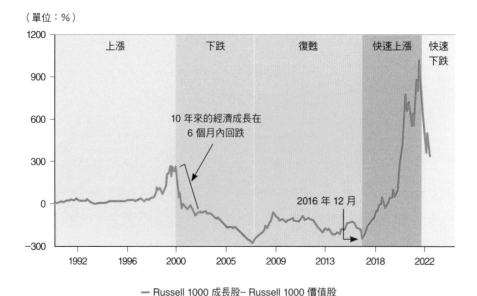

── Russell 1000 成長股− Russell 1000 價值股

資料來源：BofA Global Investment strategy

即便只看非常簡單的圖表，我們也都知道股票市場有漲有跌。某些

時期，每 10 年會迎來一次高點然後又再度回跌，處於箱型漲跌的狀態；然而某些時期，在沒有大幅度盤整的情況下，又會搭上 Fed 政策的順風車，出現趨勢性上漲。2013 年以後才開始投資股票的投資人，可能會認為趨勢上漲是理所當然的事，股票市場的本質就是如此，但是對於更早進入市場的投資人來說，市場的本質是股價隨時都會下跌，重新回到箱型波動之中。

我們必須根據市場的情況，判斷現在是適合持有現金的時候，還是適合購買債券的時候，又或者是適合投資房地產的時候。懂得全面觀察各個市場面向的投資人，當然會在對的時期轉移到對自己有利的市場上，他們的獲利理所當然也會因此而放大。

近期的韓國投資人，每天都只關注韓國市場上某個部分的產業或板塊，不觀察長期趨勢，只專注近期出現飆漲的區間段。這些投資人不知道次級信貸所帶來的衝擊有多麼可怕，不知道當時投資改制有多麼黑暗，也不知道當年投資人的投資績效與過程發生了什麼事。就算是經歷過這段時期的人，如果沒有特別花心思鑽研，或許也只能每天對著股市嘆氣，不曉得這世界上究竟發生了什麼事，市場竟在毫無理由的情況下一開盤就跌停！所以他們才能一派輕鬆地說：「總有一天會上漲的」。

金融市場上，不能只看股市，也不能只觀察其中的一些股票，更不可以只沉浸於這檔股票究竟會漲還是跌。我們必須要比較和分析整體金融市場的相對優勢，也就是要把債券、房地產、股票放在同一條線上進行比較和分析。股票不是認真就行了，還必須要在對的時候認真。

再看到下頁的圖表，灰線是 Fed 的資產（assets）增長率。要進行量

化寬鬆或是降息投放資金的時候，Fed 會怎麼做呢？他們會拿取成堆的債券證明，作為發放資金的代價。這種時候，Fed 財務報表上的資產就會增加，所以當 Fed 的資產增加，就代表現金會流向 Fed 以外的地方，也就意味量化寬鬆。這份資料可以隨時透過公告進行查詢，很容易就能取得。

●⸝⸝ **Fed 資產與 S&P 500 指數**

（單位：去年同期相較%）　　　　　　　　　　　　（單位：去年同期相較%）

━━ S&P 500　　━━ Fed 資產增長率

資料來源：Alpine macro, 2022

　　圖表上的三個圓圈是 Fed 資產減少的時候，代表 Fed 把手上持有的債券賣回給市場，如此一來，Fed 就會回收市場的資金，我們可以看到，這時候 S&P 500 也會出現趨勢下跌。除了基準利率以外，QE（量

化寬鬆）與 QT（量化緊縮）也是股市上非常重要的變數。

　　還有一個比這個更有趣的指標。下圖是 S&P 500 的營業利益率
（OPM）。

●⋯⋯ **S&P 500 營業利益率**

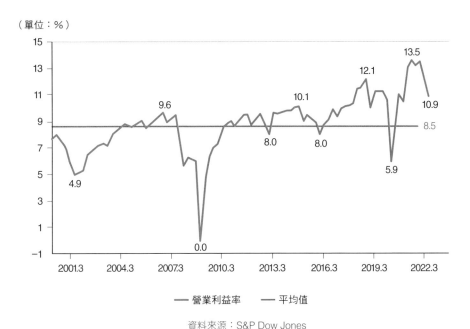

（單位：%）

資料來源：S&P Dow Jones

　　2009 年 Fed 大規模推出經濟振興政策，並於 2018 年升息。我們可
以看到，Fed 釋放流動性的區間，營業利益率就會上漲，但是當基準利
率調漲時，企業的營業利益率就會下降。

　　還有一點值得參考的是，股市裡 S&P 500 的營業率下跌至低於 0 以
下的區間並不多，只有在大蕭條的時期，營業利益率才會轉為負成長。

由此可見，在這種時期，Fed 反而會透過大規模的量化寬鬆政策來控制市場。所以，遇到這種時期，反而要逆向思考，可以試著鼓起勇氣告訴自己：「反正早晚應該都會有大規模的振興政策出現，該買股票了」。S&P 500 指數的增長率就算處在下跌區間，營業利益率依然是正數，雖然正數的數值可能會減少，但是營業利益率幾乎不會跌到變負數。

我發現，當流動性被釋放的時候，市場就會上漲。但是我們從「成長股與價值股的相對報酬率」和後續「M2 增長率」的圖表上可以看到，當 M2 被釋放，按照市場上流動性釋放的順序，市場的顏色也會發生變化。後續我會講到如何選擇與集中投資主導市場的領導股，而這將會是非常重要的分析資料。

●⋯⋯ **成長股與價值股的相對報酬率**

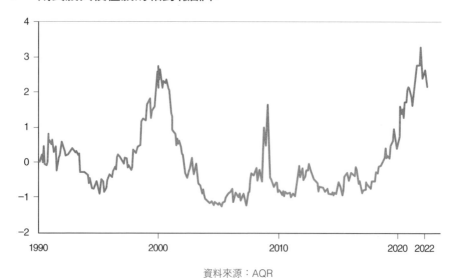

資料來源：AQR

就像攀登漢拏山 [3] 的時候，隨著高度的不同，植物生態也會發生變化一樣，在利率上漲和下跌的區間內，受惠的股票和產業也非常不同。有些股票和產業，會在景氣非常不好的狀態下，升息到 2% 的時候集中上漲，反過來說，有些股票則受惠於利率從 4〜5% 左右被調降至 2% 的時候。

所以，絕對不可以只把 2% 利率當成絕對的標準。當成長股上漲後停滯不前，或週期循環（cyclical）上漲後停滯不前，價值股就可能會取代它們的位置。

也許有人會說，由於股價指數會持續走揚，所以只要放眼 10 年，不斷買進並持有就可以了，這種方法叫作指數投資。持續買進 S&P 500 ETF 是好的，但是報酬率可能沒那麼高。在 Fed 縮表的時候慢慢買進，等到 Fed 再度釋放資金的時候再大量買進，這個雖然稱不上是什麼了不起的投資策略，卻可以為我們的帳戶收益帶來偌大的幫助。

倘若你需要選股或選產業，就必須判斷市場現在所處的季節；必須要思考一下，Fed 政策所帶來的現金流，對於自己投資的股票而言，究竟是順風還是逆風。

3　編註：是南韓第一高峰，位於濟洲島，海拔 1947 公尺。

●⋯⋯ M2 增長率

年份	M2 （10 億美元）	增長率 （％）	年份	M2 （10 億美元）	增長率 （％）	年份	M2 （10 億美元）	增長率 （％）
1959	298	－	1980	1600	9	2001	5433	10
1960	312	5	1981	1756	10	2002	5771	6
1961	336	7	1982	1906	9	2003	6066	5
1962	363	8	1983	2124	11	2004	6417	6
1963	393	8	1984	2306	9	2005	6680	4
1964	425	8	1985	2492	8	2006	7070	6
1965	159	8	1986	2728	9	2007	7469	6
1966	480	5	1987	2826	4	2008	8190	10
1967	525	9	1988	2988	6	2009	8493	4
1968	567	8	1989	3153	5	2010	8799	4
1969	588	4	1990	3272	4	2011	9658	10
1970	627	7	1991	3372	3	2012	10452	8
1971	710	13	1992	3425	2	2013	11020	5
1972	802	13	1993	3475	1	2014	11674	6
1973	856	7	1994	3486	0	2015	12340	6
1974	902	5	1995	3630	4	2016	13214	7
1975	1016	13	1996	3819	5	2017	13855	5
1976	1152	13	1997	4033	6	2018	14374	4
1977	1270	10	1998	4375	8	2019	15326	7
1978	1366	8	1999	4638	6	2020	19130	25
1979	1474	8	2000	4925	6	2021	21872	14

資料來源：FRED

從歷史上看來，Fed 會定期升息和降息。會調漲到多少、這次調漲百分之幾都不重要，重點是觀察升息的趨勢，我們需要判斷現在是處於緊縮、凍結、寬鬆之中的哪一個局面。

　　讓我們來看一下，下圖截至 2006 年以前的趨勢。隨著利率上調，股價也持續上漲。事實上，2006 年與 2009 年的市場上都不存在著泡沫。2007 年的危機，是因為 Fed 為了防止住宅市場泡沫化，持續升息，導致房地產泡沫破裂，使金融體系發生危機。假如 Fed 沒有出手控制房地產市場，房地產價值沒有下跌，股票指數就不會因為股市內部的原因而大幅下跌，反而會繼續上漲，就像箭頭所指的一樣。

● ······ 1976～2021 年 Fed 利率與金融危機

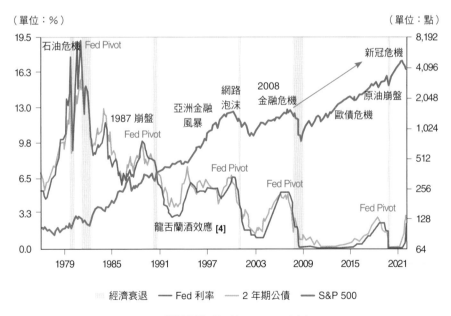

（單位：%）　　　　　　　　　　　　　　　　　　　　　　（單位：點）

資料來源：Real Investment Advice

4　編註：指 1994 年墨西哥金融危機產生的效應。

上頁圖標示「Fed Pivot」的部分就是 Fed 轉換成緊縮政策的時期。但是，當貨幣政策轉向之後，利率開始下跌，S&P 500 就如同上述圖表所見，股價會更進一步下跌。

就如同我們現在所期望的一樣，利率下降時，股價不會快速上漲，反而會快速下跌，這是非常清楚的歷史事實。但是，現在卻有人說，利率太高的話就會導致經濟不景氣，Fed 會再度降息，到時候就會迎來流動性的行情，我們會變得更加富有，所以現在應該馬上買進股票。如果你看過上面那張圖表，應該不會再這麼說了。

所以，Fed 的流動性變化，不只單純會影響股價指數的漲跌，甚至還可從中推測出股價漲跌的時期、主導上漲的產業和股票，是非常重要的資訊。

我希望各位不要認為，善於判斷市場漲跌是專家的權利。努力做出這點程度的判斷，既不是小看市場的行為，也不是神聖不可高攀的行為。這就像是漁夫在出海前打電話給氣象局一樣；好比是修補漁網和修理漁船為出海做準備一樣，是完全有可能達成的事。

投資人所經歷的季節循環

股市裡明顯存在著週期循環。Fed 大約以十年為單位進行資產的增減，同時也會引發通貨膨脹或通貨緊縮。Fed 如鐘擺來回擺盪，製造出週期循環。

下方圖表是美國長期的流動性週期，可以看到它的波動有如無線電

台的電波，所以我們用週期來形容經濟，而我們投資時，必須知道自己該在什麼時候進場、哪一個部分需要當心。當圖表上 65 個月週期線圖朝右上方攀升時，這個區間市場正在傳遞出「現在可以進場撿食了，認真投資吧！」的訊息，這時候我們就必須打起精神。

●······ 1976～2024 年美國長期流動性週期

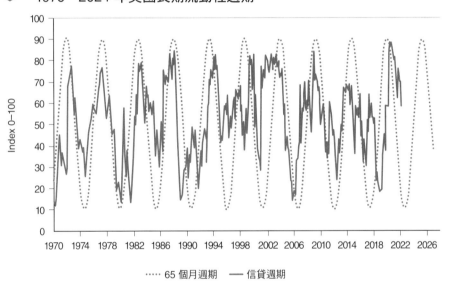

······ 65 個月週期　—— 信貸週期

資料來源：CrossBorder Capital, US Federal Reserve, MSCI

　　反之，當 65 個月週期線圖走跌時，就不該貪婪，此時就是靜觀其變的時候。2023 年的此時此刻 [5]，也許我們正在等待著灰色虛線從底端向上攀升。不過，從週期上看來，就算再晚幾個月進場也不打緊，因為上漲的週期至少都有 3～4 年，所以確認股價已經上漲幾個月了之後，晚些再進場，還是可以享受到接下來幾年的獲利，完全沒有必要著急。

5　編註：原書出版於 2023 年 2 月 28 日。

恕我再次強調，我們必須要注意股票市場的季節變化。Fed 的政策會導致緊縮或膨脹，製造出有如心跳脈搏般流入股市的流動性週期。在這個過程中，由於初期的利率較低，所以正在成長的股票都會全數上漲。接下來景氣循環股則會受惠於實體經濟好轉，因而上漲。

當所有資產都上漲之後，價值股就會開始上漲，從嚴格的意義上來說，流動性就會緊縮，指數會開始下跌，正式進入衰退期（down-turn）。隨著利率漸漸上調，就會迎來時機，買進財務結構良好的股票，就好比星星會在夜空中閃耀，升息期間就是購買好股票的機會。

2022 年 10 月循環週期從中段走入末期，這裡的重點是，從整體股價指數來觀察走跌的週期。Fed 如果進行緊縮，正常來說指數應該繼續上漲，但是這次的情況卻有些不同，通貨膨脹的狀況是一項變數。

●⋯⋯ 景氣循環週期表

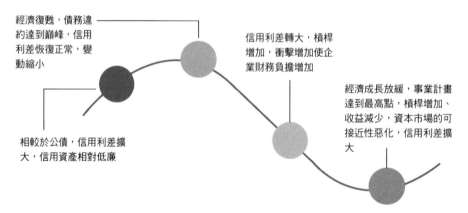

經濟復甦，債務違約達到巔峰，信用利差恢復正常，變動縮小

信用利差轉大，槓桿增加，衝擊增加使企業財務負擔增加

經濟成長放緩，事業計畫達到最高點，槓桿增加、收益減少，資本市場的可接近性惡化，信用利差擴大

相較於公債，信用利差擴大，信用資產相對低廉

類別	週期初期	週期中期	週期後期	週期末期
經濟成長	穩定化	增長率增加	到達高點	放緩後惡化
信用成長	疲弱但有增長	增長加速	到達高點	轉跌
信用利差	從擴大轉為縮小	縮小至正常	從縮小開始擴大	大幅擴大
央行政策	放寬導向	完全放寬	開始緊縮	持續緊縮
通膨壓力	低點穩定	緩慢上升	高度上升	下跌
報酬率曲線	正常擴大	開始放平	放平後出現逆轉	開始正常化

　　通膨壓力開始上升，薪資也隨之提高，市場雖然生機勃勃，但股價指數已碰到高點，開始下跌，各檔股票的表現也大相逕庭。經過漫長的緊縮之後，利率又開始調降，隨著 Fed 又轉向至擴張性政策，市場的指數處於非常低檔的狀態。這也就是說，如果可以在末期買進股票並長期持有，就可以享受週期上漲的區間段，坐擁鉅額獲利。

　　但如果在處於最高點的中期，買進股票並持有，就要經歷長時間的等待，若不考慮經濟循環週期就買進，還必須要持有到下一個中期來臨，就會被迫經歷痛苦且非自願的長期投資。

　　位於末期的股票，會重新回到末期的位置；處於中期的股票，也必須等到中期再度來臨才會上漲。如果我們現在要買股票，就必須買在末期時上漲的股票，降息的時候買進目前看起來表現良好的價值股，是沒有用的。

　　從基金的績效來看，有些基金會在末期表現良好，有些會在初期上

漲的時候表現良好。由槓桿帶動的市場上，成長股表現相對強勢，但是
當利率開始調升，景氣進入上升期之後，景氣循環股或原物料股就會上
漲。最後階段時，價值股基金的績效最好。在這個階段，景氣循環股和
成長股的投資報酬率會下降，市場的資金會聚集到相對安全的價值股
上，使得價值股的績效又更上一層樓。

　　成長股、景氣循環股、價值股永遠都待在同一個地方，然而改變的
是 Fed 的政策與投資人的策略。根據景氣週期，投資哪一類股票以及投
資金額的多寡，會決定股票表現的好壞。所以，市場的季節模式會不斷
變化，投資者如果以固定的心態看待市場，就會面臨相當嚴重的問題。

CHAPTER

3

—

看不清大盤，
就要避免投資

決定投資的順序──先找到可行的市場

做投資決策時，絕對不能只看部分市場就進行判斷。想單靠股票取勝或是只觀察特定市場，例如只關注美國或中國市場就進場，絕對不是好的投資決策。美國市場是先進市場，也是全世界最大的市場，但這跟我們想賺錢有什麼關係？美國市場就一定會成長嗎？就一定表現很好嗎？我們必須基於數據思考一下這些問題。

下頁的圖是 1988 至 2022 年新興市場國（emerging market）與 S&P 500 的相對股價變化。從 1998 至 2022 年開始，相對差異就一直在 466％、–246％、382％、–329％之間反覆波動。

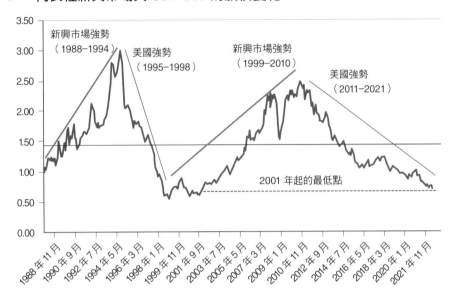

●⋯⋯ 代表性新興市場與 S&P 500 的股價變化

資料來源：Charlie Biello

期間	MSCI 新興市場總收益	S&P 500 總收益	差異
1988 年 1 月～1994 年 9 月	599%	133%	466%
1994 年 10 月～1999 年 1 月	−44%	202%	−246%
1999 年 2 月～2010 年 9 月	392%	10%	382%
2010 年 10 月～2022 年 7 月	28%	357%	−329%

資料來源：Charlie Biello

　　1998 年 12 月至 2009 年 12 月，新興市場的漲幅更勝美國，爾後的期間則是美國市場的報酬率表現較好，這種情況不斷反覆上演。那麼，現

在我們即將進入哪一段區間呢？以目前世界經濟的走勢看來，在美國賺到的錢，已經即將開始流向新興市場或其他國家了。所以，我們應該先預測整體上資金將會流向哪一個市場，然後再投資該市場。首先要掌握到哪裡是「好的市場」，接著再選擇板塊或產業。如果分析的結果是新興市場，原物料和製造業將會成為核心；倘若分析結果是先進國家，科技或平台等技術股則會成為重點。在新興市場開始相對強勢的時候投資先進國家的技術股，是傻瓜般的行為。

透過乙支文德的薩水之戰策略，
反觀資產分配的策略

我曾在歷史書上看見高句麗在為期 70 年的戰爭戰勝了當年統一中原的中國隋朝。只有 350 萬左右人口的高句麗，要如何戰勝擁有 113 萬 3,800 名正規士兵的隋朝呢？在這場戰爭裡，我感受到戰爭的成敗不取決於數量的多寡，策略的優劣才是至關重要的，當年高句麗的策略也許也能套用在投資的世界裡。

首先從那個時代的故事開始說起。乙支文德生活在高句麗平原王（平岡王）統治的時期。著名故事《平岡公主與傻瓜溫達》中出現的平岡公主，就是平原王的女兒。隋文帝統一中原不久後，平岡公主的父親平原王因為患上抑鬱病而死。

父親過世後，身為長子的嬰陽王繼承了王位，當時他認為從情勢上

看來，隋朝入侵高句麗只是時間問題，因此朝廷便開始忙著為戰爭做準備。首先，他們建造了千里長城來備戰。高句麗人應該是全世界最會在軍事戰略要塞築城的人了吧！

接著，他們引進了名為「弩」的機械弓箭。高句麗的始祖高朱蒙非常善於射箭，所以高句麗是一個很懂得使用弓箭的國家。但是這樣的一個國家，為什麼會需要弩這種掛在支架上的弓箭呢？其實連弩的技術也是出自於敵國隋朝，高句麗根本沒有這項技術，他們甚至為了取得弩的技術，偷偷把隋朝的技術人員引進國門。

由於高句麗人口較少，這是他們為了強化高句麗防禦力而進行的祕密策略。一般的弓箭必須由人拉射，需要長時間訓練才能駕輕就熟，老弱婦孺沒辦法使用。但是隨著弩被引進國門，就算是不熟練的人，也能夠射出強而有力的機械式弓箭。對於射箭人口不足的高句麗而言，這是一個非常有幫助的裝備。

除此之外，弩的射程很長，當高句麗在築好的山城上進行防禦作戰時，弩可以由上而下射擊敵人，是非常有效的武器。

投資的時候，我們必須好好了解金融商品的本質，有策略性地選擇自己需要的部分。舉例來說，ETF 可以像股票一樣被買賣，也是可以選擇特定產業或市場方向的極佳工具。就算是初學者，不懂期貨或選擇權等需要專業知識的金融產品，還是可以輕鬆投資 ETF，這就好比是高句麗時期的弩。

建造山城、引弩進門之後，高句麗勇敢地先發制人，率先入侵了隋朝的領土，據說連隋朝都大吃一驚。

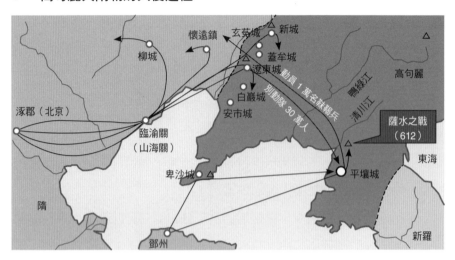

　　高句麗入侵的是一個名為朝陽（榮州）的地方，這個城市是經由絲綢之路與草原絲綢之路連接中國與高句麗的貿易中心。他們在沒有通訊網和補給的情況下，只派出高句麗的精英猛將，就占領了這個地方，這使得高句麗可以隨時中斷隋朝軍隊的補給。

　　70 年來，隋朝總共進行了 3 次入侵，第 2 次入侵還整整動員了 113 萬 3,800 人的大規模兵力。據說隋朝足足花了 44 天才派出了所有兵力，第一支軍隊走了 960 里之後，最後一支軍隊才剛出發，真的是聲勢浩大的軍事規模。據說在第二次世界大戰爆發以前，歷史上從未動員過數量如此龐大的軍力。高句麗占領朝陽（榮州）後，雖然隋軍補給的狀況非常危急，但隋朝認為這場戰爭很快就能結束，所以選擇讓戰事繼續。

　　然而隋朝偌大的聲勢，卻止步在高句麗事先築好的其中一座千里長

城——遼東城，爾後隋朝便無法繼續進軍。

　　此時，高句麗在朝陽先發制人的策略大放異彩。隋朝若可以獲得補給，只要花上幾個月的時間就可以攻下遼東城。但是遼東城並非如此容易就能拿下，隋朝在沒有後方補給的情況下，陷入了無法進一步突破防線的膠著之中。隋朝必須要攻下遼東城，軍隊才能向前推進平壤城，也才不會白白浪費了力氣。但是他們無法攻克遼東城，食糧也漸漸見底，當時天氣也開始轉涼了。

　　由於作戰情況不如己意，隋煬帝決定放棄遼東城，直接繞過遼東城進攻平壤城。他下令身為將軍的于仲文與宇文述帶領 30 萬大軍，繞過遼東城進軍平壤城。

　　隋朝最強的軍隊就這麼開了天窗，急忙改變作戰計畫，繞過遼東城進攻。隋朝的補給因高句麗先發制人占領榮州而被中斷，又在主力兵被困在遼東城的情況下，朝著平壤城縱馬如飛。這個時候，在前方抵擋他們的正是乙支文德將軍。然而隋朝的 30 萬大軍，卻被如鳳毛麟角般的2～3 萬名兵力給阻擋。

　　雖然高句麗無法正面開戰，但是他們不斷採取埋伏與游擊式的突擊，即便高句麗節節敗退，但他們放慢了隋朝進軍的速度。到了平壤城之後，戰況又出現了截然不同的變化。由於隋朝的補給線又拉得更長了，在高句麗的游擊戰下，隋朝的兵力逐漸開始疲憊不堪，又冷又餓，使得他們士氣低落。隋朝之所以如此難以取得糧食與水源，原因在於乙支文德將軍為了不讓隋朝利用我方領土的資源，在部隊撤退的同時，進行了清野作戰，燒掉所有的山川草木、在井水裡下毒、把房屋全數燒

毀，什麼都沒有留下，只留下了一則訊息，就是要讓對方知道何謂又餓又冷。

隋朝的 30 萬大軍在吃不飽的情況下對付著採取游擊戰的高句麗，同時快速穿越了位在平壤城上方 30 里左右的清川江，眼看平壤城就在咫尺之外。

此時，乙支文德將軍的一首詩，飛進了隋朝的敵營。

神策究天文，
妙算窮地理。
戰勝功既高，
知足願雲止。

最終，隋朝 30 萬大軍在得知自己落入誘敵術的圈套後，再次拔水撤退。然而此時高句麗的騎兵則展開了大規模的屠殺作戰，這就是歷史上著名的薩水之戰。「半濟賊擊」，當隋軍過水半截時，就是最好的進攻時機。

我們都以為薩水之戰是在江堤阻攔了敵人，以速攻的方式為戰爭劃下句點，但事實並非如此。這不是一場思維上的勝利，而是來自於策略的勝利，就好比是棋盤上的策略，是一場徹底經過計算的戰爭。這一場戰爭，高句麗花了十幾年的時間建造山城，以冷靜沉著的態度為不足的部分做好準備，甚至不惜放火燒掉屋瓦，才得以堅持下來。

這場戰爭結束之後，隋煬帝因國力衰退，政權被唐朝奪走而滅亡。

投資也是如此，比起幾次的短期勝負，我們更需要的是在帳面大幅增值的戰場上取得勝利。股票投資最先要做的就是懂得觀察大趨勢，選擇較好的策略位置，並找出良好的投資工具。

再來統整一下薩水之戰的策略重點。第一，取下榮州，中斷敵方補給；第二，遼東城堅持抵抗；第三，乙支文德展開游擊戰與拖延戰術，同時採用清野作戰，防止敵方使用我方土地，逆轉戰爭局勢；最後，利用薩水之戰展開屠殺，為戰爭劃下句點。

讓我們試著把這套策略應用在股票上。戰爭最重要的是補給，而股票市場最重要的是流動性。隋朝雖然動員大批軍隊強行入侵高句麗，但最後因為補給被中斷，導致戰爭陷入只能守不能攻的局面。流動性供給增加，用股票的專業術語來說，就是 M2 的增長率上升。就算流動性一直以來都大量被供給，但我們也依然要確認，接下來市場上還會再追加提供多少流動性，即使在流動性已經大幅放寬的情況下，股價指數若想繼續上漲，就得要有額外的流動性。

我們可以把先發制人拿下榮州並切斷敵方補給，比喻為通貨膨脹。即使想要進一步刺激市場，Fed 也會為了控制通貨膨脹，不得不開始進行緊縮，進行升息。攻克朝陽的時候，隋朝也沒有多想，就決定繼續戰爭，這可以比喻為像了魔一般繼續買進股票。2021 年 9 月勞動市場復甦的速度雖然快速，但卻毫無真實感。

當 Fed 公布緊縮計畫時，人們也還認為「現在利率只有 0.5%，就算調漲個 1～2%也還是很低，對股市來說哪算得上什麼問題？」但是隨著 Fed 立場一百八十度大轉變，許久之後，人們才意識到原來升息是區分戰事成敗的事件。

股票指數在創新高的時候節節敗退，就像是在遼東城被阻攔的隋朝一樣。市場的流動性必須要進一步改善，但卻被通貨膨脹給阻攔，導致企業的業績無法輕易獲得改善。股票高點上，內部人士的賣出規模逐漸擴大，企業的業績開始低於預期。

就像是在戰況膠著的情況下，隋朝士兵飽受飢餓和疾病所苦，逃兵人數因而增加。2020～2022 年 TINA（There Is No Alternative，別無選擇）與 FOMO（Fear of missing out，錯失恐懼症）等疾病橫掃股市，而且看空股市、選擇賣空的人也大幅增加。支撐線上發生激烈的對抗，在股價沒有跌破的情況下，進場的投資人漸漸感到疲乏，交易規模也隨之逐漸減少。一則新聞可以讓特斯拉與蘋果的股價分別發生 7% 和 5% 的波動，這兩檔股票的市值是 3 兆美元，5% 的波動就是 1,500 億美元，大約是 200 兆韓元的波動。

這就好比隋朝用人海戰術強行推進，但卻事與願違，選擇讓 30 萬大軍掉頭繞行進入平壤城。股市上主題股當道，只要 A 股票行不通就換 B 股票，瘋狂交易著題材股，就好比隋軍以為萬馬奔騰就能立刻抵達平壤一樣，投資人專注在大數據或聲名大噪的個股上，買著正在暴漲的題材股，以為自己馬上就會變成富翁。

清野作戰有些類似於反向 ETF 的策略。投資股票時，押注股票會走跌的策略，可以比喻為是放火燃燒自己的地盤進行抵抗。

請仔細觀察下頁圖中黑框的部分。頭部跟肩膀已經形成，雖然買勢延續，但終究敵不過賣方勢力。這裡的指數約落在 1 萬 6 千點，那斯達克則是 1 萬 7 千點。但是後來卻跌到了 1 萬 1 千點，戰局已達尾聲。這就像是夏天穿著短袖短褲闖了進來，但繞了一圈之後，天氣就開始轉

涼。天氣已經變了，如果在這種沒做好準備的狀態下直接面對季節的變化，投資人的心態上會非常難以承受股市的變化。當時的股市正處在大幅上漲週期的尾聲，屬於市場週期變化的其中一環。

●…… 那斯達克五年來的股價指數

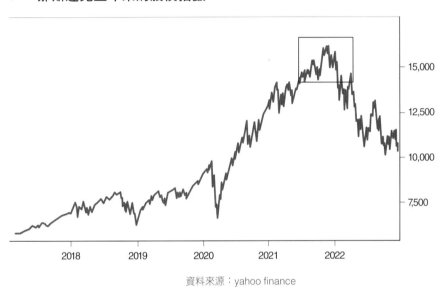

資料來源：yahoo finance

　　乙支文德展開薩水之戰之前，送了一首詩給于仲文與宇文述，意思簡單來說就是：

　　「你一直獲勝，對吧！而我一直輸給了你。游擊戰的時候，我反覆假裝輸掉戰事並撤退。戰事延續了數千里，你每戰必勝，但這其實是我的策略。而你也已經贏夠了，立下了不少汗馬功勞，這下已經夠了吧！您請回吧！」

　　那支箭為戰爭拉開了序幕，隋朝在高句麗的波浪式攻擊下，重新組

織方陣，開始再度越過薩水撤退，但是隋軍迅速崩潰，開啟了這場名留千古的薩水之戰。

半濟賊擊：過水半截時，就是最好的反擊時機。

從上頁圖表上看來，當那斯達克無法回到 1 萬 5 千點的時候，就應該根據技術面把股票全數賣出，然後伺機而動，或是展開反向攻勢。在這之後，市場失去控制，指數滾滾而下，在流動性的大趨勢被中斷的情況下，指數的攻勢完全失敗，買方勢力成了迷途羔羊，強勁的賣壓取得了壓倒性的勝利。

隋朝雖然在小型交戰時多次勝利，最終卻輸了這場戰爭。大軍壓境的士兵數量多寡並不重要，重點是掌握可能左右戰局的核心。進行投資決策時，必須先建立合理的策略，然後準備好適合這個策略的工具。

而工具則是由市場的狀況和環境所決定。舉例來說，近期債券崩跌，迎來了這 20 年以來投資債券的最佳機會。美國公債提供 4.4% 利率的機會並不常有。投資長期公債 ETF 的時候，如果選擇存續期間（duration）[1] 較長的商品，光是利率波動 1%，報酬率就會波動 25～30%。我們是為了賺錢才做投資，埋首於股票交易之前，應該先從債券、房地產、國內外市場做選擇，然後再思考什麼樣的策略才能在這些市場上取勝。想透過操盤來戰勝策略不但很困難，還是很愚蠢的行為。

1 以現值為基準，投資債券回收本金所花費的時間。

控制費用比收益更重要

股票投資的成功因素

　　投資過程中最容易犯下的錯誤，就是只追求高收益。大家知道金融投資公司都是怎麼應對客戶的嗎？舉例來說，銀行行員會告訴顧客「這款商品很穩定，還可以節稅」，因為銀行認為高穩定性加上可以節省些許稅金是行銷重點。那麼，保險業務員又是怎麼應對客戶的呢？世上的悲劇總是層出不窮，他們會在客戶面前說著那些因為生病與不可控因素而深受其害的人們的故事，讓客戶身歷其境，最後不得不立刻在合約上簽下大名，保險業務員利用危險和焦慮作為行銷的重點。

　　那麼所謂的證券業務員呢？大部分的開頭都是「這檔真的很有潛力，非常棒，只要放點錢進去，大概能賺個 50%」，或是「世界已經改變了，所以這檔肯定會爆紅」，利用人類的貪婪來做行銷。

雖然很多時候他們都會踢到鐵板，被質疑「有那麼好的事，你還會跟我說嗎？」但是再接著聊下去，客戶就會被他們華麗的說法給誘惑，選擇繼續聽下去，或是主動問業務：「是嗎？我手上已經買了一些股票了，還是要換成你說的那種？」

　　重點在於這些業務員的能力。他們有能力讓別人相信他們可以在短時間內獲利，但實際上他們並沒有在短時間內獲利的能力。

　　我認為投資人不應該埋首在特定的金融投資商品或股票之中，重點是要了解它們的優缺點之後，按照情況加以利用。

　　銀行儲蓄穩定性高又可以節省百分之幾的稅金，但是在現金變成糞土的通貨膨脹期間裡，卻會使投資人蒙受虧損。銀行不會告訴投資人，在這段期間裡當一個債務人反而對投資人來說更有利。

　　有很多投資型保單看起來前途似錦，但因為經營費用高昂，如果買錯保單，繳了 5〜7 年的保險費，最後卻只能送給保險員當獎金，如果選擇在納保期間內解約，更是一分錢都拿不到。

　　進行證券交易時，不要只關注對方口中的高報酬率，必須考慮投資成功的機率有多少，並且同時考慮這當中看不見的財務和心理成本有多少。所以我才會說，投資人在選擇操盤或投資方式時不要只看報酬率，而要從成本方面做考量。

　　我們偶爾會聽到他人說，在十年一次的流動性行情裡，只要開一個證券帳戶就可以發大財；又或是聽到有人說，只要透過簡單又快速的交易方式「買高再賣得更高」就可以馬上賺大錢。但如果仔細分析這些傳聞的結構，就會發現裡面包含了許多不合理且荒誕無稽的理論。

讓我們簡單思考一下投資成功的要素。先假設我們手上有 300 萬韓元的本金，然後做個大一點的夢。假如我們下定決心要賺到 30 億韓元好了，從帳面上看來，我們必須要賺到 1,000 倍，所以我們的目標就會訂在這附近。如果簡單地從數值上來看，1,000 倍左右的目標，只要連續 10 次都能翻倍就可以達成了。

　　使用信用投資或開 2 倍槓桿，一年只要賺兩次 50% 就夠了，這樣算下來的話，一個月大概賺個 10% 也就夠了。利用 300 萬元的本金，每個月獲利 10%，看下來好像也不是不可能。不對，是看起來充滿了希望。假如真的達到了目標報酬率，每個月用 300 萬韓元賺 10%，一個月也只能賺 30 萬韓元。可是這種成績，我們還不如去做點別的事。假如認真工作一個月可以賺 300 萬，等同於每個月透過股票獲利的 100%。就算每天都盯盤，一個月要賺 100% 也是非常罕見的例子。如果把這些時間都拿去工作，至少可以賺 300 萬不是嗎！那我們應該工作而不是投資股票吧？

　　在利用錢滾錢的股市裡，本金是最重要的。想要拿為數不多的本金（seed）賺取高額獲利並從中取勝是愚蠢的行為。讓我們來看看下方的公式。

收益＝A×（1＋Ri）×Pi×Wi×（1－C）

※A：本金、Ri：報酬率、Pi：成功機率、Wi：比重、C：費用

　　為了增加獲利，本金（A）一定要夠多，報酬率（Ri）則是愈高愈

好。但由於股票是投資商品，所以成功的機率並非 100%，所以公式裡又再放入了成功機率（Pi）。這個數學公式非常易變且相互矛盾。

　　舉例來說，報酬率高代表短期暴漲，在這種情況下，投資人高機率會高價買進，同時也會增加虧損的可能性。高機率加上高報酬率是一種「策略」，但這個策略若執行不順利，就很有可能讓自己被逮捕。硬是想做多、結果住進牢房裡的人，都是因為過度自信又想賺取高收益。這種策略一個弄不好就很容易進監獄，如果你至少想賺點律師費，就得更努力投資。如果你覺得這個方法不好，投資時就應該尋找並計算成功機率較高的方法。

低手續費的誘惑

　　投資配置對於投資而言非常重要。投資報酬率再高的股票，如果配置錯誤也發揮不了作用。假如一檔獲利股票 100％的股票只占整體的 5％，那麼報酬率也就只有 5％而已。不管是在三星電子暴跌當天買進股票，等幾天後再賣出；或是在股價指數暴跌當天開槓桿；又或是買在 ETF 上漲的時候，都可以賺到比 5％更多的收益。所以，投資配置非常重要。

　　但是投資人卻會為了找尋飆股，使自身注意力渙散，甚至浪費掉可以找到好股票，並且買進合理配置的機會。股票配置真的很重要，然而投資人卻只專注在尋找飆股，費盡心思想在一天內獲利 5％，就算眼前出現再好的價格，也看不見這樣的機會。

大家也許會覺得這沒什麼，但是上述獲利公式中的「1−C」，也就是降低費用非常重要。也許某些人反覆買賣時不需要支付手續費 [1]，但後續卻依然必須支付 0.22% 的稅金 [2]。當這筆 0.22% 的稅金反覆積累，就會引發巨大的雪球效應（snowball effect）。

如果把這些手續費付給證券公司的員工，他們肯定會為你盡忠職守，但是我們卻在免費使用證券公司服務的情況下，付出這麼多跟證券公司服務不相關的稅金。經常買進賣出會使成功的機率降低，不但無法妥善進行股票配置，就連複利效果的成本也會增加，簡直是受到三次重創。

頻繁交易是零手續費會帶來的現象之一，費用增加則是隨之而來的結構性陷阱，真是令人感到矛盾。這種交易方式本來失敗的可能性就很高。

讓我們從費用方面思考一下買進與賣出的單次交易循環。分十次買進，然後一次賣出，以費用上來說就屬於一次的交易循環。買進股票的時候，我們不需要支付稅金，假如免手續費的話，買進不會產生任何花費。但是賣出股票的時候，就算證券公司不收取手續費也依然會有費用產生，因為必須加上稅金。

所以，我們必須謹慎思考一下，利用免手續費進行多次 1～2% 獲利，這種超短期積少成多式的策略，效益是否良好，我們很可能只有積少，但卻無法成多。

在制定操盤或投資策略時，我們往往只考慮成功的情況。只考慮高收益，假設自己會成功，卻不去思考反覆交易所產生的費用結構。但是

1　譯註：屬於證券公司的免手續費活動。
2　譯註：台灣證券交易稅率為 0.3%。

真正需要我們冷靜與仔細思考的並非成功的瞬間，而是失敗的機率。我們必須考慮失敗時必須承擔的那些「看不見的成本」。

就如同前面的計算公式，虧損時除了必須承擔 0.22% 的稅金以外，還包含常態交易失敗所帶來的心態萎靡，以及在交易股票時所投入的時間與精力，這些都是看不見的成本。

接二連三的失敗，會使我們在應該拉高投資配置才得以取勝的時刻變得沒有自信，如果一整天都只盯著股票現價視窗，反而會讓我們花費更多時間成本在深入了解企業之上。

在起跑點上就已經輸掉機率的投資

歸根究柢，一場成功投資的結構比表面看起來更複雜。只有本金增加到一定程度以上，我們的投資獲利才能高於勞動所得，所以即便恐懼，我們還是得拉高投資比重，同時減少投資時隨之而來的費用。

除此之外，投資還包含心理層面的問題，事過境遷後才看著數字思考這樣做或那樣做會不會更好，這種行為本身並沒有太大意義。實戰投資非常不同，在沒有守門員的足球門前練習射擊，跟實際和對方比賽時得到的頓悟，兩者能夠相提並論嗎？這就像是足球比完 90 分鐘後還有延長賽一樣，我們不能只用一、兩次獲勝的策略來計劃人生所有的投資策略。我們必須思考最重要的是什麼，才能夠培養出眼光，尋找出成功機率較高的標的。唯有這麼做，我們才能謹慎交易，並且充分把握好投資配置，提高勝率。

股票市場總是有上有下（up-down），當市場走揚的時候，幾乎所有投資人都會成功，這種時候甚至可以不需要考慮稅金和投資配置，非常寬裕。但是市場處於下跌期時，所有因素都會變得不利，即便運氣好，獲利 100%，但只要後續又虧了 50%，充其量就只能回本。

　　所以，**散戶要保留足夠的本金，在慢慢積攢本金的狀態下，努力等待上漲期來臨。**投資有時候可以透過努力而成功，但有時候卻是不管怎麼努力都不會成功。我們明明知道除了股票以外，還有債券與房地產等其他型態的投資標的，然而投資時的我們卻沒有四處規避風險，以為只要靠著分批進場、短期交易或停損等諸如此類的操盤方式，就能夠免於虧損，這是很愚蠢的行為。

　　有些人認為可以把原本 5% 的虧損停損在 1% 是一種訣竅，但是這種方法，終究只會對自己的投資報酬率或投資心態的穩定性帶來強勁的打擊，何況這還是一場伴隨著高額成本的交易。

　　「看圖表做交易」、「買成長股」、「做長期投資」、「做價值投資」，人們總是提出很多投資方法，這些方法在一定的情況下雖然看來合適，但是經過一定的區間段後，又會變得非常無用及危險。盲目相信這些說法，會使投資失敗的機率大幅提升。

　　我們必須在市場的大趨勢下，找到勝率較高的標的。在利率調漲時投資成長股，或者在趨勢走跌時進行長期投資，都是會降低成功機率的投資方式，換句話說，就是要你直接去送死。

　　但可以肯定的是，當市場整體都在上漲時，我們投資的成功機率也會同步上漲。所謂的高收益，很有可能來自於市場積累的能量，關於這

部分，我會在後半部探討如何挑選領導股或成長價值股的方法時再詳談。

為了提高投資成功的機率，更需要的是思考自己應該在什麼時候買進股票。在沒有做足功課的情況下交易，或是在市場不穩定的時候想透過特定交易方式來克服問題，都是很危險的行為。對於自己不了解的產業或股票抱持高度期待，任意提高投資配置，心態就會因為頻繁的失敗而開始萎靡，在這種情況下繼續交易，本身就是一種失敗。

收益最大化的祕訣——機率出擊策略

總而言之，如果想要把收益最大化，就必須結合數學與機率制定出策略。我之所以提到「收益＝A×（1＋Ri）×Pi×Wi×（1－C）」這個公式，重點在於要讓各位了解把收益最大化的核心究竟是什麼。

如果不想增加成本（C），我們只要減少繳納稅金，同時盡可能減少賣出股票就行了。換句話說，就是要讓股票可以長時間傳承下去。如果想做到這一點，就必須對自己買進的股票充滿信心，我們最好要先對企業的業績和財務報表進行零點校正，因為股價和公司業績之間有80%的連動性。但這並不代表公司業績表現良好，股價就一定會上漲，我這裡所說的業績是指未來的業績，關鍵在於「事前預測」，而這件事並非遙不可及。

下一步，我們應該要選擇正在上漲的產業或股票。這個步驟需要有識別股票的能力，需要付出長時間的努力才能取得。除此之外，市場認

不認同這檔好股票也很重要，所以我們必須等待它被市場看見。

投資時，我們必須不斷觀察市場喜不喜歡我們認為不錯的股票。這種投資方式不管在機率或是心理上，都可以帶給投資人安全感。因為不倉促，所以不會買貴，也不會因為頻繁交易導致成本增加或心態萎靡。

只要是人，在股票上漲時都覺得股票還能再漲；在股票下跌時都會因為焦慮而想賣掉。人類的心態就是上漲時跟著買，下跌時跟著賣。所以才會有人說，股票不是拿來交易的，而是拿來持有的，搞不好這麼做還比較好。

我認為先學習如何選股，比學習如何交易更重要。先在 2,000 檔股票中，找出可以帶給自己安全感的股票，然後觀察它們，這麼做反而比跟風買飆股來得更好。

提高投資配置（Wi）最大的阻礙就是心態。在股價處於低檔時大量買進才能拉低均價，不是嗎？買在低點，股價上漲的機率才更高，不是嗎？但是當股價下跌時，我們卻難以出手買進。簡單來說，不要試圖「買在股價即將上漲的位置」，試著「買在股價不再繼續走跌的位置」才是更明智的選擇。這件事有可能做到嗎？是可能的。我們雖然不能確定最低點在哪裡，但是每一檔股票一定有看起來「再跌一點就是一個大好機會」的位置。

收益不是透過買得好與賣得好來決定的，只要買得好，收益就被決定了，這就是核心所在。如果想要提高正確買進的機率，應該怎麼做才好？答案很簡單，只要增加買進的次數就可以了。但我指的不是在一定期間內分批買進，而是把時間跨度（time span，時間的長度、平均期

間）拉長，進行分時買進（time allocation）。

　　我們來計算一下。假設我在股票投資上的成功機率是 90%，這個機率代表我是非常擅長投資股票的人。我利用 A 資金投資，取得 90% 的成功，然後又用同一筆錢投資，再次成功的機率又是 90%，如果我們將其帶入公式，連續進行投資，結果會是如何呢？

收益＝A×（1+Rn）×0.9^n

※ Rn：第 n 次投資報酬率、0.9 ：第 n 次成功機率

　　連續成功到第 n 次的機率是 90%，也就是 0.9 的 n 次方。隨著 n 的數字愈來愈大，0.9 會愈來愈接近 0。所以說，一個成功機率有 90% 的投資人，如果不斷反覆買進又賣出，會產生什麼結果？成功的機率一開始雖然很高，卻會逐漸減少。若結果走向無限，成功的機率就會接近 0，不管再大的數值乘以 0 最終都還是 0。

　　我們反過來計算失敗的機率吧。假設有一個人買進股票失敗的機率是 90%，他自己知道自己失敗的機率很高，所以非常謹慎，投資時都採取分批進場，幾乎不炒短線。

收益＝A×（1+Rn）×0.9^n

※ Rn：第 n 次投資報酬率、0.9 ：第 n 次失敗機率

　　如果他想降低失敗的機率該怎麼做？只要把 n 變成 n 分之一就行

了，買進的時候少量買進，接著再少量買進，然後又再少量買進，用這種方式謹慎的持續買進股票。

我們假設他沒有在股票飆漲時追高，而是在低檔且經濟指標完全穩定，可以搭上順風車的情況下，在成功機率較高的位置上分批買進，但前提是他沒有賣出股票。買進和賣出屬於一個循環，只要持續買進股票，當股票還在處於預估損益的階段，就不算失敗。那麼這個人在買進時失敗的機率就會成為 n 次方，0.9 就會朝 0 接近。

我在證券公司接待顧客時，對於某件事一直感到很奇怪。大幅虧損的顧客反而更常來自於大幅上漲的股票，也就是說，比起崩盤的股票，在暴漲的股票裡破產的人更多。他們投資已經上漲的股票，這個選擇並沒有錯，只不過他們進行了一場在機率上對自己非常不利的交易。頻繁買進和賣出，只會對心理成本和財務成本造成更多不利的因素。只要能了解這一點，做出聰明的選擇，就知道自己完全沒有必要急著交易。

如果想要降低失敗的機率，就不應該頻繁買進與賣出。如果我買進了某一檔股票，但是失敗的機率幾乎是 90%的話，只要不賣出就行了。只要反覆買進然後再賣出，失敗的機率就會降低到 0，代表成功的機率變高了。

重新總結一下，投資正在上漲的股票並想從中取勝的這件事，並沒有討論的價值。但是當股價的方向已經開始走揚，原本因為市場狀況或供需而處於動盪之中的股票，終於反映出了它自身的價值，股價開始水漲船高的話，分批買進是一口氣解決機率或配置問題的妙招。雖然大家都說補倉很危險，不過實際上，我們很難區分補倉和低點買進的不同。

我雖然會在後面章節進行更詳細的解釋，不過提高勝率的方法不只有經濟狀態、產業選擇與選股，在交易的過程中，因為我們是人類，所以還要控制我們不得不犯錯的機率，也要考慮必然會含括在內的持續失敗率。

　　如果把這套理論用圖表來呈現，就會如同下圖一樣。我們假設圖表不管怎麼樣都會往右上走揚，那麼我們在第一個圓圈時買進，然後又在第二個圓圈買進，在分批買進的狀態下，倘若我們判斷第三個圓圈是高點，把股票賣出的瞬間，就會完成一個交易週期。只有一個週期完成了之後，費用、機率、配置、收益才會塵埃落定。但是對於成功與失敗的機率而言，這就是一次性的機率。

●⋯⋯ **股票週期示意圖**

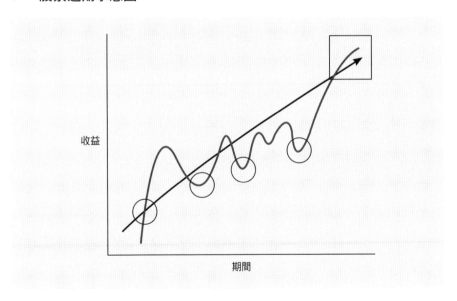

收益

期間

倘若在標記圓圈的地方持續買進，在右上方最後方框的位置上賣出，股票配置就會增加，成功機率也會增加。此時交易手續費幾乎為零，只需要計算一次賣出的稅金就行，是一場非常合理的交易。這種交易方式被稱為「趨勢交易」。

千萬別忘了，持續交易，稅金就會以等比級數成長。也許你會說「0.22%的稅金又怎樣，如果一天能賺5%的話，這點錢算什麼」。等圖表成形之後再回過頭看，高低點的轉捩點都是這麼清晰可見，落後指標看起來也煞有其事，一切看似都蘊藏著祕密。

我們只不過是一個連當天的情緒都難以控制的平凡人，然而股市的價格卻是由這樣的人類躲在螢幕的背後決定出來的，再用這個價格來賺錢或賠錢。

所以，到頭來我們仍然必須看出大勢所趨，制定出一個從機率上可以取勝的策略。倘若一開始看似成功，但後來累積的機率愈來愈趨近於失敗，那麼能翻盤的機會便所剩無幾。如果為了翻盤而勉強出擊，反而會讓情況變得非常危險。

獲利金額比報酬率更重要

對投資來說，實際獲利的金額比報酬率更重要。正在閱讀本書的各位應該大部分都不是職業投資人，讓我們換個思考方式：當我捧著自己的年薪投資時，股票投資可以為我帶來幾分鐘的薪資呢？

有些人進軍股市的目的是拿著1億元的本金賺到10億元的鉅款。

一般來說，這類型的投資者有一套固定的投資模式，他們一開始非常小心翼翼，時有懷疑，但到頭來因為能力不足，所以開始作弊，沉溺在一些看似言之有物的言論中。

他們在短期內當然也有認真鑽研股票，但是接收到資訊時，由於沒有辨別的能力，最後還是踏進有如瀉藥般危險的投資之中。他們認為即使稍有虧損，只要立刻停損就行了，所以就再繼續加碼燒錢。一旦發生虧損，又會為了挽救而跟風買進飆股，讓自己陷入進退兩難的狀態，踏入非自願長期投資，只能無限期地等待。

實際獲利金額比報酬率更重要。試想一下，如果把 1 億韓元存進銀行，可以拿到 5% 的利息。一個年薪 1 億韓元的人，扣除平均休假日，大約要工作 250 天，一天的日薪是稅前 40 萬韓元。1 億元的 5% 利息大約是 500 萬韓元，等於他一年大約可以多領 12 天左右的日薪。

我們應該用這種方式來計算，把投資股票當作是在股市兼職，這只是一份以金錢作為交換條件的兼職工作。股票要說多難就有多難，而且每個人都會有自己認定的標準。但不論你怎麼想，大家投資股票都是為了賺錢，所以應該用腳踏實地的方式去思考和行動。

打個比方，如果你持有 1 億韓元，等到每 3～4 個月股價崩跌的時候就買進指數型 ETF，每當賺到 10% 的時候就賣出，這樣一年也可以賺到 30～40%。這個做法並不難，只要等到新聞開始播報「證券公司融資維持率不足，斷頭接連湧現」的時候，按照上述的方向，進行指數的買賣就行了。

持有 1 億韓元的投資人，如果每年可以賺 20% 左右，就能夠把獲

利提升至 2,000 萬韓元左右。如此一來，如果以一天 40 萬韓元的日薪來計算，就相當於多了 50 天的津貼。

電影《老千》裡名為平京長的高手，曾對使用抽底牌這種初階伎倆的高尼說：

「底牌如果被抽掉，聲音聽起來就不一樣了。」

如果把目標放在報酬率上，股票投資的「心態」就不同了。當心態不對，就會放掉很多可以輕鬆獲利的機會，反而轉去追求看似可以帶來高報酬率的消息，或是聽信看似合理的情報，接著開始買進這類型的股票。若是聽信這些股票或謠言，一夜之間把錢都燒光了，成功的機率自然會減少，失敗了幾次之後，就會因為害怕而無法拉高投資配比，就算有好消息也不敢再相信，每次只拿 1 億裡的 500 萬或 1 千萬出來買股票。而這些人到了這種時候才會開始認同「分批買進」的概念。然而神奇之處在於，他們會感受到，少量買進的股票反而會暴漲，但大量買進想等著大撈一筆的股票，卻反而會陷入橫盤或走跌的狀態。市場一直以來都是如此，從我們開始投資股票的那個瞬間起，市場就一直在呈現出不同的面貌。

所以我們打從一開始在建立標準的時候，就要以獲利金額的多寡來決定，而不是報酬率。數數看，倘若你下定決心要在三星電子和指數型 ETF 上分別獲利 10%，你能遇到幾次這樣的機會？到時候我們再來聊聊，這種方式究竟能不能對累積財富帶來幫助。

下頁圖表標示方框的位置，都是信用餘額急遽減少的時候。我們可以從金融投資協會（freesis.kofia.or.kr）上查詢到信用餘額的資訊。圖表

中方框的部分，股價指數至少都上漲了 5%，最多甚至還有 15%，平均大概是 9.5%。如果可以在這 7 次的機會裡拿下 4～5 次的成功，大概就有 40～50% 的獲利。

●⋯⋯ **截至 2022 年 9 月之 KOSPI 一年走勢**

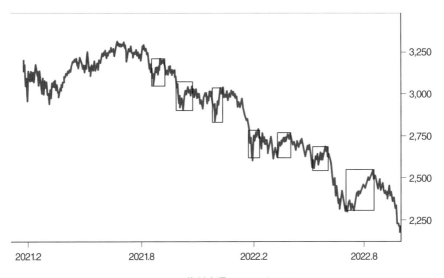

資料來源：yahoo finance

當指數崩跌時，只要分批買進 ETF 就行了，但可能有人會問「光靠撿拾這些 5%、10% 的稻穗，什麼時候才能致富？」如果在利率上漲的情況下，把資金都投在仰賴未來的成長股上，可能要等 5 年或 10 年才能等到成長股的成長週期再現，如果運氣不好，遇上有償增資，不僅要付出額外的資金，還會被大幅套牢。

我們的標準必須是實際獲利的金額，應該買在自己可以非常放心的

位置，並且在擁有足夠進場機會的狀況下，同時還要有明確的理由作為後盾，再去買進股票。在平心靜氣的狀態下進行投資決策，把重點放在我想藉此賺到多少倍日薪的獲利。至於 50%、100%這種標準，最好通通都丟掉吧！

心理控制者和被控制者

交易控制者的武器——區間交易

股票投資可以說是一個「低價買進上漲股票後，再高價賣出的行為」。雖然我並非不認同要看得長遠和長線投資的概念，但是在這個行業投資超過 20 年，我很確定在韓國的市場環境下，這麼做反而不利於投資人。

股票投資的起點絕對不是操盤，大幅獲利也並不絕對是優先的目標。我們應該努力控制不斷流失的費用，摒棄那些從機率上來說成功率就不高的策略。在不考慮心理狀態的狀態下所制定的策略或目標，只能帶來非常空虛的結果，所以我們必須用非常實際的獲利金額作為目標。初學者不應該把焦點放在虛無的高報酬率，而是要專注在不虧損的狀態下，自己能夠獲利的多寡。聽到人家說他用幾千萬韓元的本金賺到了幾

十億，這種話聽起來就好像是來自彌賽亞的福音，但是仔細探究之後，會發現這個過程中其實包含著許多偶然，只是被誇張成為任何人都能達成的一件事罷了。

　　韓國的股價綜合指數十年來一直處於箱型狀態，以 2,000 點為中心波動了 10 年。我只希望從現在開始，指數以 2,100 點為中心上下波動10%左右就好。下方圖表黑色方框的部分是 2019 年新冠肺炎爆發之前的走勢，中心點是 2,000 點。接著 2019 年開始，除了新冠爆發與股市暴漲之外，指數有望座落在灰色方框的區間內。從結果說來，在韓國市場裡，相較於長期投資，買在低點、賣在高點，進行高勝率的交易才會有勝算。但是大部分的投資人，都必須同時兼顧職場生活，而且大多數人的投資經驗並不豐富。

◆⋯⋯ KOSPI 20 年走勢

（單位：點）

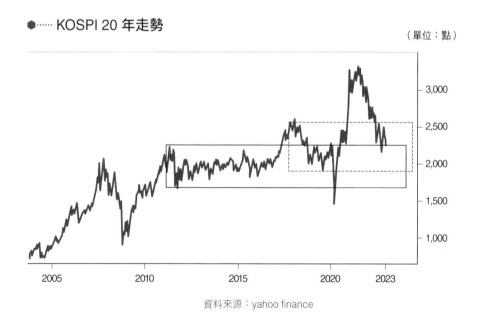

資料來源：yahoo finance

接下來我要說的是讓大家可以安心做交易的戰術性投資法。現在，你先閉上眼睛思考一下，你曾經想過要放下令人煩躁的職場，整天專心投資股票嗎？

事實上，只有 5% 的股票投資人可以從股票投資中獲利，可以連續獲利的人，甚至只有 2～3%。假如你的年薪是 5 千萬韓元，如果要獲得相當於 5 千萬的收益，究竟需要多少本金（seed money）呢？又要賺到多少的報酬率，才能夠保障這樣的收益？這樣說起來，認真工作提高年薪不是更好的方法嗎？

所以我想要介紹一個我親自使用過，同時也是我主要使用的交易方式，並且還是由我親自命名的一個交易方法——區間（range）交易。區間意指一個特定的範圍，基本上就是認為在特定範圍內的交易都是正確無誤的交易。過去對我來說最痛苦的情況，是當我認為「應該不會再跌了吧」、「再漲的話應該就會回跌了吧」，然而我的判斷卻是錯誤的時候。不管是誰，當自己的思維錯了，都會試圖改變自己的想法。但是據我所知，沒有任何人可以準確猜到高點和低點在哪，所以我們不應該去探究要如何找出高低點的方法，只要放棄這個目標，事情就會變得很簡單，而且對股票投資完全不會造成影響。

股票投資最令人遺憾的其中一種情況，就是用盡全力想判斷某一個基準點的高低。這就像是在搖擺不定的船上量船一樣，當你想建造出一艘不會因為波浪而載浮載沉的船，就代表著你在心態上想要征服大海，這是不可能的任務。所以，我們只需要跟著海浪搖擺，先吃點暈車藥就行了。

從點、線、面觀察機率

別老是只談點和線，讓我們來看看面。閱讀股票線圖時，比起只看價格的某一個點或線，更應該看的是整個圖表上所描繪出的面積。當這個面積裡發生了買賣攻防，且買壓戰勝賣壓的時候，只要跟買方站在一起就行了，這就是我所謂的區間交易。

假設我們眼前有一個標靶，射箭時不論是正中紅心或射在 9 分線上，都是很困難的事。但只要可以射進圈圈裡，不管是 10 分還是 9 分都可以得分。

●⋯⋯ **標靶**

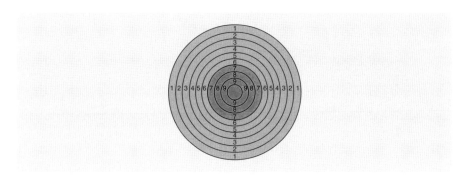

●⋯⋯ 日 K 均線交易與區間交易的應用方式

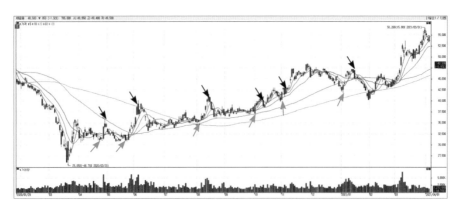

資料來源：有進投資證券

　　只要設立好一個標準，在一定區間內買進和賣出，不管是在心理層面還是統計層面，股票投資都對投資人很有利。線比點寬，由線串聯起來的面積又比線更寬。如果把點、線、面看成是一種機率，比起考慮在一定的打點或位置進場，選擇一定的範圍來產出結果，除了有利於提高勝率以外，也能更安心做投資。簡單來說，就是在分析圖表時，就算有

失誤也不要過度自責，讓投資人採用更寬鬆的標準，找到一份從容。

假設我們在上頁圖表橘色箭頭的地方買進，然後在黑色箭頭的地方賣出，由於圖表是事後所產生的，所以看起來似乎非常合理。但是，假如我們每天都盯著股價走勢，很難判斷一小時後圖表會不會出現反轉，股價會上漲到哪個程度後又再下跌，每天都得面臨這種決策，在陽線和陰線出現的日子裡不斷苦惱，就算做出了判斷，還是會不斷後悔。日後還會因為接連的失敗，導致自己失去自信，投資欲望也會隨之降低。

讓我們試著在同一張圖表上帶入區間交易法。

只要在橘色方框的區域買進股票就行了。即便股價暴漲後又下跌，但要在股價進入黑色方框區域之前，都堅持只買進。不根據移動平均線決定要買還是要賣，而是觀察總市值與收益，以一定的倍數或低廉的價格買進或賣出。

上班族不可能在一定價格或一定的線上進行交易，就算是專業投資人也不一定能做得到。但如果長時間觀察在特定價格帶裡被交易的股票，即使判斷錯誤也不會感到壓力，也不需要停損，即使股價的漲幅比預期高出了 5～10％，也完全沒有理由急著買進。

最好當然是冷靜地買在低檔，如果沒買到，只要相信未來還有機會就行了。各位好好想想看，利用這種方式找到均價進行交易，報酬率還有什麼能不滿意的呢？看圖表的時候，要把它看成是在占地盤，是買方與賣方勢力之間的拉鋸戰。隨著時間過去，會出現次次堆疊的趨勢，從點到線、從線到面，我們會在這個過程中找到高勝率的位置，持續擴大自己的視野。如此一來，才能更安心自在地投資股票，報酬率的成果也會更好。

新聞與分析報告，
該看哪一個？

閱讀新聞和分析報告的方法

投資的時候，情報很重要。就好比軍隊裡分成戰鬥部隊、戰鬥支援部隊、戰鬥勤務支援部隊等，戰鬥部隊是在戰場最前線的部隊，戰鬥支援部隊雖然不直接參與作戰，但必須像補給站一樣，提供執行作戰所需的資源。所以，當我們提到「情報部隊」時，總會有種它屬於戰鬥支援部隊的感覺，但其實情報部隊的分類隸屬於戰鬥官科底下。

股票投資也是如此。投資的時候，有些情報來自戰鬥部隊，但有些並不是。情報在股票投資上扮演的角色就有如戰鬥部隊，只有縝密且具有獸性的情報才有發揮的作用。在炮火連天的戰場上，一段情報攸關的是生死存亡。我們必須知道這個情報是不是來自敵人的詐欺，知道它究竟是心理戰還是可靠的消息，然後才能投資。

我曾經讀過一則新聞，說一位網路新聞記者每天必須要發布 120～130 則新聞。假如一天工作 9 個小時，扣除吃飯時間 1 小時，剩餘 8 個小時，也就是只有 480 分鐘。這表示網路新聞記者幾乎每 3～4 分鐘就要發布一則新聞，幾乎連打 10 行字的時間都不夠。那麼，這些新聞的內容真的重要嗎？

　　假如投資人看到新聞就做出反應，股價就會上下波動。看著新聞操盤，會發生什麼事呢？如果你毫無疑問相信了這些連抄都沒時間抄，短時間就得發布的消息，很可能就會一口氣損失花了幾天甚至幾個月辛苦工作所賺來的錢。

　　沒有經過驗證就直接散播的新聞愈來愈多，當我們看到已經讀過的新聞，出現在自己的身邊或是社群上，就會開始信以為真，從而引發「確認偏誤」的螺旋（spiral）現象。

　　分析報告也是一樣。我們必須要站在撰寫者，也就是分析師的立場來閱讀分析報告。必須思考分析師撰寫分析報告的目的，是為了撰寫相關產業的長期報告，還是為了幫完全不認識的人製作基本的研討會資料，又或是為了影響股票的買入與賣出。

　　閱讀分析報告時有兩個重點，一個是配比，另一個是目標價。對於散戶來說，比起目標價，投資配比更重要。假如目標價不變，但是配比被調降了，就代表應該賣出。假如配比增加而且目標價上調，就可以從長期觀點出發，以買進加以應對。

　　結論就是，不論是分析報告還是新聞，都必須經過長時間的驗證。資訊的來源是否可靠很重要，除此之外，掌握自己是這份新聞的第一受

益人，還是排在第二或甚至其後的受益人也很重要。但是最重要的部分，在於確認這則消息會不會對企業長期的股價或業績造成影響，或者這只是一個會影響短期價格波動的事件。這個部分與資訊的性質無關，投資的成果會依照我們努力與否而有所不同，付出多少就會有多少成果。舉例來說，假如某一家 5G 業者突然在盤中宣布要進行有償增資。有償增資大多都是股價被稀釋的主因，而且這個行為等於是在向股東要錢，所以公告一出之後，大部分都會有賣壓湧現。但是通訊設備業者突然增資，很可能是大規模供貨之前所做的資本支出（CapEx）。所以我在調查之後，發現該公司增資的目的是為了增建設備。

當天我盡可能買進了大跌的股票。這則短期新聞的報導沒錯，有償增資對於股東而言確實是不好的消息，但是新聞的背後很可能隱藏著利多。如果對有償增資抱持成見，認為這就是負面消息，就很可能錯失絕佳的大好機會。這件事情過後，這檔股票因為 5G 股躍升領導股，股價暴漲了 10 倍。

我們所生活的這個世界，特別是在股票市場上，問題往往都不是新聞不夠多，而是新聞太過氾濫。首先要判斷哪些是有用的新聞，哪些新聞會持續推動我們手上持有的股票，又或是哪些分析報告可以幫助我們在財產增值方面進行戰略性的判斷。然而，一般提到「認真努力鑽研股票」，強調的都只是去閱讀和背誦這些報導、分析報告與分析影片，投資人如果一聽到這些看似煞有其事的消息就立刻買進股票，很可能會受重傷。

情報就好比是一種藥，要透過處方箋了解用途、使用方法、有效期

間、保存方式，才能夠完美應用。如果只是因為它看起來像藥就直接送進嘴裡，很可能會因為濫用藥物而遭殃。

分清楚情報、準確度、速度、可持續性

收到情報之後，必須精準判斷它的準確度、速度、可持續性。假設我們讀到一篇「強颱來襲」的新聞，由於颱風登陸造成大範圍淹水，引發災難事件頻傳。這則新聞裡，受惠的股票是誰呢？土牆坍塌會造成大量垃圾，這時候會聯想到生產用來防止土牆坍塌的地錨業者 Korea SE（現名 Hydro Lithium）。假如首爾的路樹倒塌，土石傾洩，就必須有大量的垃圾車前來載運，這時候像 Insun ENT 這類的股票就會開始波動。

只不過這則消息的有效期限僅限於颱風登陸的幾個小時，或是發生淹水的近一兩天。假如颱風脫離原本的預估路徑，或是受災規模不如預期，這些股票就會暴跌，消息的有效期限就只到颱風來襲之前。要等到颱風真的登陸，而且再度北上，才有辦法發揮效果。

反之，如果你的投資組合裡面包含了災害保險股，在大規模災難發生時，就要考慮自己是否會虧損。許多災害保險的條款裡，都會註明不理賠天災。所以我們必須了解，如果發生車子泡水的天災，災害保險公司是否不需要理賠。假如災害保險股在沒有理賠的情況下，股價單純走跌，就可以在這個時間點進場。在大多數的情況下，低點買進股票之後，股價都會再次復歸原位。

我們沒有必要勤奮地到處搜集更多的新聞和情報。如果要從中選出

會對自己帶來長期利益的情報，當然就要選擇可以對公司未來業績帶來幫助，以及有關未來成長的相關情報。股價即使在一兩天內有所變動，但是很可能會在大框架下創造出下一波行情，最好抱持游刃有餘的心態持續觀察。

希望各位務必要區分清楚具有長時間持續性的新聞，以及應用在短期交易上的新聞。除此之外，我們還必須得要像背誦九九乘法表一樣，把有關新聞的受惠股價值鏈（value chain）銘記在心。如果想要達到更高的段數，就必須鑽研如何把 A 形式的消息數值化，了解它對股價會造成多大的影響。這麼做的話，對於日後預測股價或推算目標價會相當有幫助。

投資人失去的認知能力，
找回你的客觀性

繪製你的交易時機

　　與投資人交流之後，我意外感受到人們不願意獨立思考，也不想去觀察或驗證自己想投資的領域，很多時候，投資人也不知道自己在做什麼。所以我一直認為，我們應該從第三者的角度，練習觀察自己的投資行為。

　　投資是一種社會行為，雖然表面上我們看起來必須自行決定要買進或賣出，但其實得要透過大量肉眼看不見的媒體和資訊，以及與身邊友人彼此的互動，才得以完成投資決策。愈快領悟這項事實的投資者，就可以用稍微更客觀的角度，以客觀的方式做投資。

　　證券公司提供了讓我們看到自己的交易發生在哪個位置的服務。

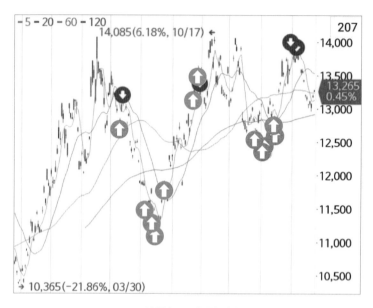

●⋯⋯ 繪製你的股票交易圖

資料來源：有進投資證券

　　上方的圖表是我的客戶在實際交易後傳給我的資料。朝上的橘色箭頭是買進的位置，朝下的黑色箭頭是賣出的位置。從客觀的角度來說，這是一個非常有水準的交易風格。這位投資者採用的是波段趨勢交易法，而且非常謹慎地執行分批進場，出場的時候又非常冷靜且果斷。

　　承上述，在點、線、面的交易之中，這位投資人交易的時候看的是「面」。他有等 K 線站上均線才交易嗎？完全沒有。由於圖表出現反轉，均線正在走跌，所以他分批買進，接著他在圖表開始聳立，出現跳空上漲或市場行情表現極佳、指數上漲的時候，把股票拋售。

●······ 使用區間交易法的股票交易圖

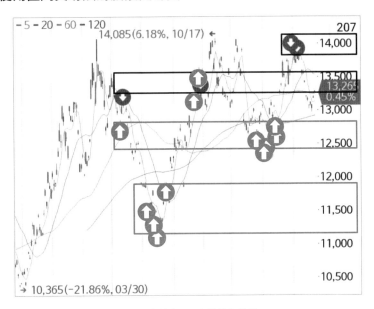

資料來源：有進投資證券

　　除此之外，他只在一定的價格區間內買進，代表他對價格是有概念
的。中途股價上漲的時候，他便停止加碼。

　　而且他賣出的價格和買進的價格之間，存在著一定的差距。我們可
以看到，當股價上漲到均價的 10～15％，他就會將股票賣出。對於中間
行情的走勢，他以悠閒的姿態在一旁觀察，沒有做出任何小動作，也沒
有為了嘗試把利益最大化，不斷買進與賣出，徒增費用，可以說是一次
無可挑剔的優質交易。

　　我們應該要像這樣，把自己實際的交易拍攝下來。有些投資人會
說，我們應該要先進行模擬交易，接著再投入實戰。老實說，這樣做完

全沒有意義，因為模擬交易裡面，並不存在「心態」這項變數。我們必須拿著 1,000 萬韓元進行實戰交易，去感受內心的變化、感受我們看到新聞所做出的反應，以及我們會以什麼方式買入與賣出，但這些在模擬交易裡面都感受不到。

當我們打開股票線圖，把自己的買入、賣出時機拍攝下來，就可以清楚知道自己正在做什麼。拿著筆在上面直接寫下新聞和綜合股價指數的走勢，就可以用第三者的角度，觀察自己在受到市場刺激時會做出什麼樣的反應。

新聞和分析報告是我們無法控制的變數，發生就是發生了，錯了就是錯了，但是我們可以控制自己的反應。我們沒有必要去罵別人，要做的就是了解事實之後，決定自己的應對方式。為此我們應該要反過來利用這些趨勢，在新聞出現的時候賣出，在利空堆積如山的時候悄悄買進。

我們經常說「在 YouTube 上大肆宣傳，等新聞放出消息之後，這檔股票必定走跌」、「財經專家推薦的股票必跌無疑」。這些專家一週只會上一次節目，所以他們推薦的股票很可能會發生這種情況，或者是這些專家可能早已買進了這檔股票。所以專家不能在節目上推薦股票嗎？並不是。那麼，假如我已經買進或賣出的股票，專家在節目上卻持相反意見，要相信專家嗎？也不是這樣。

這些資訊應該要由收看節目的我們，自行過濾和解讀。我們必須了解，自己並沒有用客觀的角度在看待這個世界和自己。

「該怎麼做」與實際「要怎麼做」，兩者的差距非常大。只看新聞

或節目在投資的人，有很高的機率會買在高點，但自己卻無法察覺。所以，我們應該要用第三者的角度審視並分析自己，接著再去做出需要的改進。

無法控制自己內心的人，不管在面對任何情報、分析資料或投資策略時，都無法堅持到最後。在進行長期投資、技術分析、情報交易的過程中，雖然心理狀態不一樣，但是我們必須認知到，心理因素是決定成敗的關鍵變數。

利用 Google 確認實際的高點

希望各位都可以去 Google Trend 搜尋自己手上的股票或新聞。股價上漲的時候，Google Trend 上搜尋到的項目也會變多。曝光度高的股票雖然會受到更多關注，卻很可能達到高點後回跌。所以，當我們手上的持股在 Google Trend 上的關鍵字搜尋次數上漲太多時，最好不要買進。

●······ **三星電子 2 年期日 K 線圖**

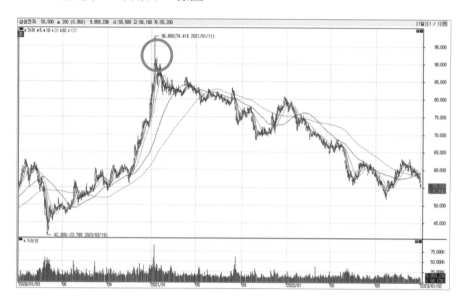

資料來源：有進投資證券

　　上圖是三星電子 2 年來的日 K 線圖。從趨勢上，我們可以看到，股價飆漲之後便一直持續走跌，幾乎連續走跌了 11 個月。

　　下頁的圖是三星電子在 Google 上的搜尋趨勢。熱度在黑色圈圈、2021 年 1 月份的第一週達到高峰，跟股價的高點正好一致。上 Naver 搜尋同一段時間裡有關三星電子的報導或非記憶體半導體的相關報導，就會知道搜尋結果的數量實際上非常龐大。

　　對投資而言，群眾可謂是亦敵亦友。本書後半部會再對此進行著墨，不過，要先知道，交易領導股的時候，應該要讓群眾和自己站在同一邊。瞄準大眾會從幾號出口出閘，搶占先機的能力很重要。但是另一

方面，當我們處於風險之下時，如果感受到群眾已經進入過熱的狀態，就必須與他們背道而馳。

● …… 三星電子搜尋趨勢

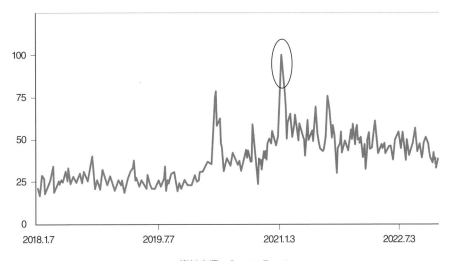

資料來源：Google Trend

　　希望各位不要忘記，後面還有康莊大道等著你。過分投資在市場趨勢上坐冷板凳的股票，也會產生許多機會成本，但是，過度沉浸於市場氛圍裡，稍有不慎也很可能面臨鉅額虧損。派對玩得愈晚，宿醉就會持續愈久。如果你要購買已經進入派對尾聲的股票，最好先掌握好出口的方向，好讓自己可以隨時脫身。

　　在股票市場上投資時，會犯下很多失誤和錯誤，但是一定要知道，在這些失誤和錯誤之中，可以用很簡單的方法進行修正、確認和留意。

股票市場與實體市場會彼此影響，
不斷尋找著平衡。

基於指標的投資策略

TIMING TO BUY, SELL, MAKE A FORTUNE

 **領先、落後與背離**

連結股票市場與實體市場的鑰匙：
領先與落後

　　從現在開始，我要針對股市上投資人的投資時機進行宏觀面的指標分析，並講解具體策略，告訴各位，我們該如何利用這些指標。雖然有些區間可以不需要觀察宏觀面就直接投資，但是股票市場上滿滿的指標中，從實體經濟一直到金融市場、股票市場，相關的指標就有 50 幾種。一般來說，只要會操作油門、煞車、後照鏡，以及簡單的自排檔，就可以開車了。但是，汽車儀表板上，沒有任何一個指標沒有意義，最好可以事先知道指標閃爍的時候代表的意義，雖然了解這件事很麻煩，但相較於了解的麻煩程度，無疑是非常有用的資訊。

　　股市的指標，大致上可以分為實體經濟指標與金融指標。大家應該都聽過 GDP（國內生產毛額）、失業率、零售、消費者信心、ISM 製造業指數、LEI（領先指標），這些都是為了確認實體經濟走勢而設計的指標。除此之外，投資股票時，我們也一定看過 PER（本益比）、PSR（營收比）、Yield gap（收益率差距）、Yield curve（收益率曲線）、M2（廣義貨幣供應量）、Margin debt（融資餘額）等指標，這些屬於金融市場指標，主要用來預估和判斷債券與股票市場的狀態。

問題在於，我們看不懂這些指標，別說是解釋了，連理解都很困難，所以我們無法掌握它實際所能提供的洞見。就像是智慧型手機擁有數百種功能，但是我們真正使用的也只有那幾種，經濟指標也是如此。由於複雜又難懂的指標無法對明天的投資帶來太大幫助，所以許多投資人選擇對其視而不見。但如果想要成功投資，我們必須了解經濟指標。雖然風險相關指標很難搞懂，但只要懂幾個之後，這份辛勞將會為你這輩子的投資帶來非常大的益處。

　　股票投資與實體經濟就像汽車兩邊的輪胎，如果兩側的輪胎不平衡或胎壓不同，就會非常危險。慢慢行駛雖然不會出什麼大問題，但如果高速行駛，或裝載沉重的物品時，就無法保障汽車的行駛安全無虞。

　　股票市場往往看起來跟實體市場毫無關聯，**原因在於時間跨度（時間的長短）有差異，短時間內雙方的波動看似毫無關聯。不過，實際上，股票市場與實體市場會相互影響，而且不斷尋找彼此之間的平衡。**如果我們想要找出這個乖離（差距）並解決這項問題，就必須了解時間跨度，這就是串聯宏觀經濟指標與股票市場的關鍵所在。

　　假如我們的股票投資資歷有 20 到 30 年，在這段時間內都會看到每年公布 4 次的 GDP，以及每個月公布 2 次的 CPI 與 PCE 等物價指數；每個月初還有 ISM 製造業指數，每週有失業救濟金請領人數與一個月公布一次的失業率和 ADP（非農業就業指數，又稱小非農）。當指數上下波動時，每天都能看到專家談論股價指數相對來說處於高點或低點；每個月、每一季都可以看到分析師在分析報告裡公開 PER 與 EPS 的預估值。就算股票指數處於相同的範圍內，也會隨著 Fed 的基準利率

與 10 年公債報酬率，被評估成昂貴或便宜。

更累人之處在於，當景氣轉好或轉壞，或是當 Fed 調整利率，表現出政策意向的時候，投資之前都必須先判斷市場究竟會漲還是會跌。如果猜反了，或根本對此毫無概念，很可能會蒙受鉅額虧損。原因在於我們所投資的股市，是由 Fed 政策所架構出來的融通（credit）調節市場，簡單來說，就是流進股票市場的資金歸根究柢都是債務。當利息變得便宜，就會有更大量的資金湧入；當利息變得昂貴，流入的資金就會變少，所以市場才會有漲有跌。

打個比方，當 Fed 預告升息的時候，股市卻出乎意料地上漲了。升息的話，股市的貼現率會上漲，照理來說股價應該走跌，為什麼股價會上漲呢？反之，有時候當 Fed 按照人們的殷殷期盼，公布降息，股市卻有可能會走跌。降息的話，資金流動性就會變得活躍，企業業績也會轉好，由於流動性保有餘裕，照理來說資金會流入股市，為什麼股價指數卻反而下跌了呢？

這個現象的關鍵就在於，融通以「投資」的名義進入金融市場洗白，完成後再進入實體市場，當中會有 6～18 個月左右的時差。所以，當某些政策或指標被公布的時候，其中的洞見和分析會扮演著類似長期縮圖的角色，但是它通常看起來令人感到既陌生又費解，所以經常會被人們擺在一邊，等待日後再尋找解答。

金融市場的指標是領先（leading）指標，實體市場的指標是落後（lagging）指標，所以這中間的時間，就是洗白身分的時間。如果能夠理解這一點，在遇到危險或大幅趨勢上漲時，某個程度上都能找到感

覺，做出應對。

不覺得很茫然嗎？在沒有情報的情況下，相信人家說的「圖表會反映一切，可以提前看穿主力做出行動，圖表就是它們的縮影」，努力鑽研均線與指標，但卻無法做出總結，反而更加優柔寡斷，你有過上述這種感覺嗎？

市場有著許多主張「經濟與股市不同調」，完全忽視經濟儀表的花言巧語，他們根本不懂這些道理，加入大量的腦補，以老王賣瓜的方式解釋著指標。用這種方式投資，肯定會吃大虧。我們至少要了解指標代表著什麼意義，會如何創造長期的投資趨勢，才會對我們的投資帶來偌大的幫助。

2021 年當 Fed 改變政策的時候，人們做出了錯誤的預測。

「Fed 不會升息，供應鏈問題所導致的通膨會被控制在一定的水準之下，烏克蘭戰爭若驅使油價走跌，CPI 並不會再上漲，等到流動性再次放寬的時候，成長股就會再度飆漲。」

上述重點擷取於 2021 年 9 月市場上一段鼓舞人心的敘述。Fed 看著失業率指標在下達決策，卻沒有任何人在討論就業市場。

「就業市場好轉會帶來房地產價格上漲，這會與 M2 增加所導致的需求量重疊，通膨將不會受到控制，最終 Fed 會因為菲利浦曲線 [1] 的失策，而開始實施最緊急、最強勁的緊縮。」

1 編註：表示通膨與失業之間交替關係的曲線。

●······ Fed 升息預期圖

〔單位：bp(basis point, 1/100%)〕

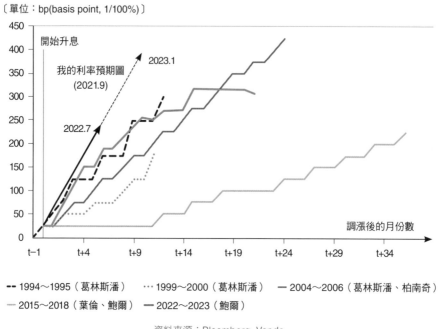

資料來源：Bloomberg, Vanda

這是我過去傳達給市場的核心訊息。

我會做出如上圖般的預測，就是因為下頁的圖表。

Fed 按照就業市場決定政策，2021 年 9 月的預估復甦路徑，預期會回到等同於 2007 年與 2001 年的水準。但是失業率會落後 3 個月，按照失業率的復甦速度來推測，2021 年 12 月的時候，就業市場很可能會完全復歸原位。

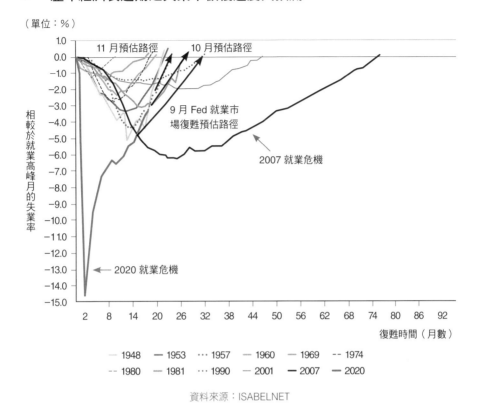

●······ 歷年經濟衰退期之失業率恢復速度與預測

（單位：%）

11 月預估路徑　　　　　10 月預估路徑

9 月 Fed 就業市
場復甦預估路徑

2007 就業危機

相較於就業高峰月的失業率

2020 就業危機

復甦時間（月數）

| ― 1948 | ― 1953 | ⋯ 1957 | ― 1960 | ― 1969 | -- 1974 |
| -- 1980 | ― 1981 | ⋯ 1990 | ― 2001 | ― 2007 | ― 2020 |

資料來源：ISABELNET

　　所以我在各個節目上都說了：「傑洛姆·鮑爾（Jerome Powell）遲早會出面。歸根究柢，造成通膨的原因是大量釋放 M2，根本不是供應鏈的問題。所以他肯定要實施緊縮。」結果 2022 年 3 月鮑爾在記者會上宣布開始將進入通貨緊縮。當時美國市場的市值如下頁圖表。

（單位：％）

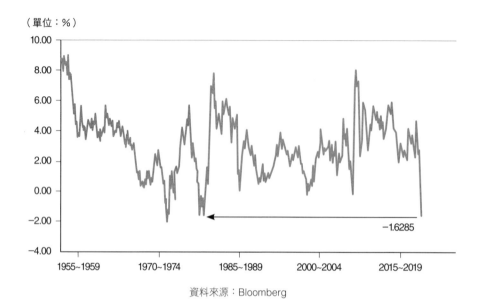

資料來源：Bloomberg

　　這個指標是金融市場的指標。盈餘殖利率（Earnings Yield）是從
PER 的倒數中扣除公債殖利率。舉例來說，假如 PER 是 10 的話，1/10
＝10％，假如當時公債殖利率是 5％，盈餘殖利率就是 5％。但如果再
加上「真實」（real）這個字的話，就可以反應出物價。倘若這個時期
的物價落在 7％左右，真實盈餘殖利率（Real Earnings Yield）就是
–2％。當時的真實盈餘殖利率是百年來最糟糕的一次，換句話說就是
「股價非常昂貴」。

　　現在說這些，一定有人會問「你真的本來就知道嗎？」我可以清楚
地回答，我在 YouTube 上都有準確說出股市什麼時候會以什麼方式上
漲，希望大家可以去看一下。不過，這裡想談論的並不是我以前就說中

了這些事，我想說的是：經濟指標並不是一個不正確，只是寫好玩的東西。

　　長時間觀察下來，在不到一年的時間裡，原先不同調的實體經濟與金融市場，正在調整節奏互相靠攏。那斯達克下跌超過 30%，Fed 為了控制通貨膨脹，史無前例進行升息，在短短一年內調漲了 4%。過去高喊著「Buy the dip」（逢低買進）加碼攤平的投資者經歷了鉅額虧損，反而是改變投資工具，轉為持有現金或進行反向投資的投資人，才得以從危險中脫身。

　　上述是有關領先指標與落後指標一點簡單的討論，以及與政策相關的資訊。我們可以利用公開發表的資料來判斷這些情報的狀況。

　　希望各位可以把這些指標好好整理起來，作為這輩子用來分析經濟與股票市場的工具。一支老舊的溫度計，在做料理或孩子發燒的時候，也可能扮演著決定退燒藥劑量多寡的重要角色。

深層的洞見，強而有力的決策指標：背離

　　你知道為什麼股票投資人都喜歡牛市嗎？因為所有指標都會指向同一個方向，不需要考慮其他因素，只要參與市場就能獲利，在這段時間參與的投資人，都可以獲得幸福美滿的結果。但是，股票市場不可能永遠如此，有的時候我們會跟某個人意見相左，對於現在和未來的看法也會不同；有的時候實體和金融市場的指標，會分別指向不同的方向。

　　我們把這個情況稱為背離（divergence）。但是背離總有一天會消

失，會朝著某個方向解決，成為非常有利於進行投資決策的指標。簡單來說，背離就是儀表板上發出了兩種不同的信號。

這時候，我們最好利用上述講解的領先和落後指標，思考這份背離將會如何被解決。背離就好比是抹香鯨的排泄物，雖然不常有，但如果善加利用就能讓我們成為富翁，極其珍貴。VIX 與 MOVE 是金融市場交易指標中的風險指標，讓我們來思考一下它們的背離。

●……VIX 與 MOVE（美林公債波動率指數）

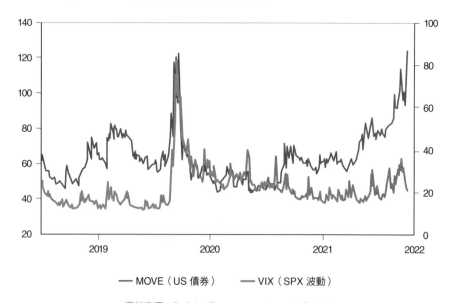

資料來源：Refinitiv Datastream, Acorn MC Ltd

VIX 是反應股票市場波動的指標，MOVE 則是反應債券市場波動的指標。但是 2022 年初債券市場的指數已經出現相當大幅度的上漲，意

味著債券市場已經感知到風險，而且正在為了避險（hedge）支付相當高額的費用。然而股票市場卻風平浪靜。

結果股票市場卻在 2022 年持續走跌，性質相似的兩個指標發出了完全不同的信號。在這個時間點，如果在股票市場上採取反向部位，甚至只是把股票賣掉，都可以在不虧損的狀態下，忍受市場走跌。

因為債券市場的 MOVE 指標，至少比受到 Fed 政策影響的股票市場更快做出反應。當領先與落後指標之間出現背離的時候，很可能會是一個非常美妙的投資機會，也可以讓我們遠離可能使所有財產不翼而飛的危險，安安穩穩地投資。接下來，我們來看幾個類似的指標，了解如何在市場上分析這些指標。

當股票市場各種指標都指向同一個方向時，投資人會苦惱著「究竟這樣的情況要持續到什麼時候？」。

但是，當各種指標都指向不同的方向時，市場有可能處於危險情況之中，但也有可能代表著大好機會即將來臨。

解析這些指標時，重點在於要把它們從二維的平面中轉化成三維，也就是要帶入「時間」，透過「時間」把各種領先和落後指標所體現出的經濟或金融市場狀態融會貫通。

所以有的時候，即便當下的指標看起來很活躍，但金融市場卻反應出疲弱的狀態。

投資時最重要的兩大要點，一個是心態，另一個是時間。

不要把重點擺在堅持或想戰勝時間，而是要從理解開始做起，這樣可以幫助我們繼續奮鬥和堅持，讓勝利之神跟自己站在同一邊。

CHAPTER

1

—

證券人熱愛的金融市場指標

流動性指標：
M2、信貸脈衝（Credit impulse）

如果讓我選一個汝矣島最愛的金融指標，我肯定會選 M2。M2 是衡量貨幣數量的指標之一，證券市場對於流動性極其敏感，當流動性獲得大規模供應，股市早晚都會出現大幅度的趨勢轉換，轉跌為升。

人們總是只股股期盼 Fed 降息，為市場提供流動性。但嚴格來說，重要的並不是 M2 本身，而是 M2 相較於 GDP 的增長率，M2 的初值增長率反而與證券市場的關係更密切。

在下頁圖表上可以看到，S&P 500 指數（灰線）在 2000 年代下半期開始直線下跌，橘線代表的是 M2 除以總市值。橘線暴增經過一段時間後，我們可以看到 S&P 指數刷新高點，而且繼續上漲。

●⋯⋯ M2／總市值與 S&P 500

（單位：%）　　　　　　　　　　　　　　　　　（單位：點）

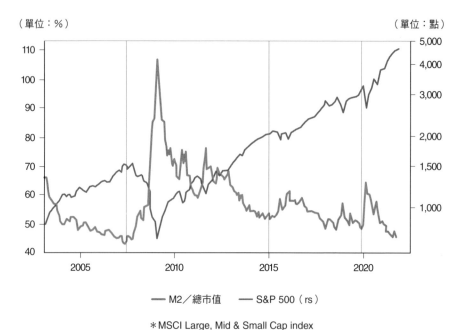

━━ M2／總市值　　━━ S&P 500（rs）

＊MSCI Large, Mid & Small Cap index
資料來源：Alpine Macro, 2021

　　從下頁的美國 M2 增長率線圖上也可看到，Fed 在操縱 M2 的同時，也在進行調整。毫無懸念，我們可以看出股價上漲的區間裡，貨幣通行量也在增加。

　　第 126 頁的線圖，呈現出 M2 增長率對比 GDP 增長率的狀況。相較於以名目（nominal）GDP 作為衡量方式的國家經濟狀況，我們可以從中看到 M2 增加了多少。灰線代表的是超額流動性，會跟著 M2 和 GDP 的增長率波動，S&P 500 指數則緊跟在後。從這張圖表上，我們很難看出領先與落後，但是如果以數學上的微分計算出增長率的差異，從

貨幣供應量增長率扣除 GDP 增長率的圖表上，我們可以看到 S&P 指數
會搶先波動。

● …… **美國 M2 增長率**

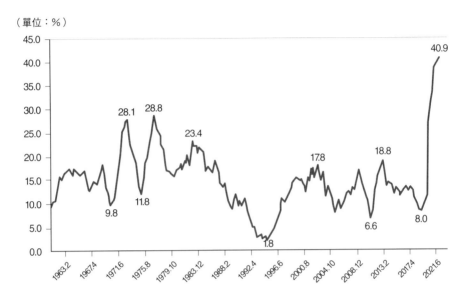

（單位：%）

資料來源：Charlie Bilello

●⋯⋯ S&P 500 與 M2 增長率和 GDP 增長率的差異

（單位：較去年同期%）　　　　　　　　　　　　　　　　　　（單位：%）

「超額流動性減少」意味著未來
「股票市場的預估報酬率」
將會下降。

─── S&P 500（ls）　　─── M2 增長率-GDP 增長率

資料來源：Alpine Macro, 2021

　　代表著 S&P 500 的黑線，在圖表上有時會進入低於 0 的狀態。此時意味著股票市場將會走跌，發生這個事件之前，M2（貨幣供給量）會率先快速減少，也就是進入通貨緊縮。這表示獲利供給量會低於 GDP 的增長率，這裡需要注意的部分是，貨幣供給量並不是負數，只是貨幣供給的數量會低於 GDP 的增長率。也就是說 GDP 增加了 5%，但倘若 M2 只增加了 3%，那麼灰色的線就會轉成負數，最終市場會隨著 S&P 的下跌一起走跌。Fed 有無進一步提供或抽離流動性，比起純粹的 M2 增長率，是更重要的領先指標。

　　GDP 持續成長。GDP 成長，就意味著資金會湧入股市，實體經濟

轉好會帶動股市,這是理所當然的。但是,實際上更重要的是,貨幣增長率比 GDP 增長率高出多少,才會決定市場的漲幅。所以重點在於,不管實體經濟是好是壞,流動性所造成的影響最大。我希望各位可以了解這些指標,只要經常觀察 Fed 公布的 M2 走勢,在關鍵時刻絕對不會面臨投資失利。

　　信貸脈衝是另一個可以確認流動性的指標。信貸脈衝結合了公債、匯率、股市 PER 與信用利差,用來衡量其占 GDP 的比重(％)。

●⋯⋯ G3 信貸脈衝

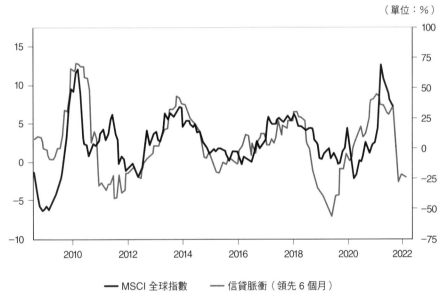

(單位:％)

MSCI 全球指數　　信貸脈衝(領先 6 個月)

資料來源:Oxford Economics/Macrobond

　　上圖中的灰線表示的是 G3(美國、歐洲、中國)的信貸脈衝。當

灰線沿著左側的刻度走跌，代表信貸脈衝進入緊縮，由上可見，接著 MSCI ACWI（MSCI 全球指數）就會跟著走跌。也就是說，當 G3 進入緊縮的時候，全球的綜合指數就會平均走跌。更有趣的部分在於，如果把 G3 的信貸脈衝和韓國貿易指數的圖表放在一起，就會發現它們的走勢非常一致。當然，貿易指數屬於落後指標。

這類型的指標一旦開始波動，就表示至少接下來的 2～3 年都會朝同一個方向走。所以我們必須要非常注意轉捩點的出現，這個轉捩點，大部分都是由 Fed 或各國央行所決定。

這些指標可以證實「千萬別和 Fed 作對」這句話是對的。事實上，信貸脈衝的波動會領先市場 6 個月，短期內，我們很容易認為「這個指標有什麼屁用？」但是這個指標可以提供我們機會，讓我們對市場未來的發展做好準備，如果投資人能夠記住這些指標，將會非常有幫助。

評價指標：PE、CAPE、巴菲特指數

投資股票跟賭博有什麼不同？面對未知變數時只能以機率的方式來處理，這部分雖然很相似，但是從某個標準上來說，兩者之間又有所不同。價格方面，市場參與者會經由某種程度上已經標準化的系統進行操作，比起賭博安全許多。

本節介紹證券界經常使用的評價指標 —— PE、CAPE、巴菲特指數，有助於各位評估自己目前手上的資產，價格已經上漲到怎樣的程度。

我想起小時候讀過的一本書，裡面說：「在雪地上行走的時候，如果只看著腳下的步伐，走路便會歪七扭八，但如果盯著遠方的樹走，反而會走得更直。」

股票市場上也有這樣的指標，而評價指標就處於這些指標裡最核心的位置。舉例來說，當 A 企業獲利 100 億元，但是它在市場上的交易金額是 1 千億，那麼這間企業算昂貴還是便宜？我們很難去定義，標準非常模糊。假如這裡再加上一則資訊，當 A 企業的競爭業者 B 企業獲利 200 億元，但 B 企業在市場的交易金額是 4 千億元，那麼利潤就是 100 億：200 億；總市值是 1,000 億：4,000 億，我們就可以說，A 企業比 B 企業更便宜。如上述可以呈現出單位利潤對比總市值的指標，就稱為本益比（PER，Price Earning ratio，等同 PE），這個指標可以簡單呈現出每單位利潤能夠被賦予多少股票價值。

這個方式也可以應用在 KOSPI 或那斯達克等所有證券市場上。我們假設 KOSPI 上市公司的平均營業利益率是 8%，上市公司的總銷售額是 2,500 兆韓元左右，那麼整體營業利益就大約是 200 兆韓元。隨著指數上下波動，上市公司整體的總市值也會發生變化。舉例來說，假如當指數上漲到某個點的時候，KOSPI 的總市值來到 2,500 兆韓元，那麼 KOSPI 的 PE（Price Earning）就是 12.5 倍。但是當 KOSPI 突然崩跌，整體合併的總市值跌至 1,800 兆韓元的時候，PE 就是 9 倍。

年末和年初的時候，韓國各家證券公司會依照 KOSPI 的年度預估資料，用著粗大的字體，統計出指數的最高點與最低點。此時，各家證券公司大多數都是使用 KOSPI 的歷史 PE 來計算最高與最低點。

●······ 2023 年 KOSPI 指數預估

證券公司	預估數值		最低點	最高點
韓亞證券		2350～2500	2350	2500
韓華投資證券		2000～2600	2000	2600
EBEST 投資證券		2200～2700	2200	2700
Meritz 證券		2100～2600	2100	2600
IBK 投資證券		2150～2650	2150	2650
新韓投資證券		2000～2600	2000	2600
DAOL 投資證券		2240～2640	2240	2640
KB 證券		2610～2610	2610	2610
教保證券		2200～2650	2200	2650
信榮證券		2140～2170	2140	2170
培育證券		2150～2400	2150	2400
SK 證券		2100～2500	2100	2500
三星證券		2000～2600	2000	2600
韓國投資證券		2000～2500	2000	2500
NH 投資證券		2200～2600	2200	2600
現代證券		2200～2550	2200	2550

2000　　2500

＊未來資產證券未提供預估數值區間帶

資料來源：朝鮮商務問卷調查

各家證券公司會預測下一年的年度獲利（earning），在大多數情況下，基於預估獲利，當市場疲弱時計算出來的倍數（multiple）是 9 倍左右時，他們會把這裡當作最低點，然後把市場強勢時計算出來的 12 倍當作指數的最高點。倘若他們認為下一年市場可能不會轉強，認為 PE 可能上漲到 10 倍左右，那麼他們會將隔年的獲利乘以 10 倍求出總市值的和，作為指數高點，指數對照表如上頁圖表。

　　如果你有投資美國或其他國家，可以把韓國的倍數用來與美國、中國、歐洲、日本等國做比較，思考一下韓國市場目前的估值是否合理，再決定自己的全球資產分配該怎麼做。

　　如前所述，PE 是一個用來評估市場大略相對位置與衡量股市價格的指標，可以用來比較處於同一個時間點不同市場的狀況，也可以用來進行歷史時序上的分析。

　　市場上的 PE 總是不固定，PE 會隨著經濟與流動性的狀態而波動。由於獲利只是推測，事後才能知道正確答案為何，不過，與過去做比較，我們就可透過 PE 了解現在股市處於哪個程度上的過熱，從中找到一些感覺。

　　下頁圖表是美國 S&P 500 指數每年的平均 PE，2021 年的時候，PE 的均值已經上漲到跟 20 年前，也就是 2000 年網路泡沫時一樣高了。也就是說，在同樣的單位獲利下，市場制定的價格已經大幅上漲到歷史高點了，換句話說，在獲利沒有大幅改善的情況下，股價已經沒有上漲空間了。

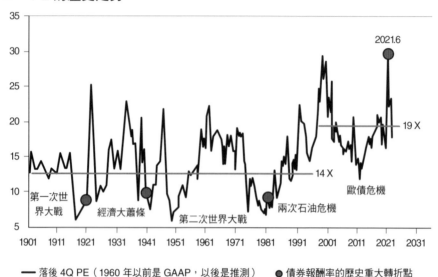

資料來源：BofA Global Investment Strategy, Bloomberg, BofA US Eauity&Quant Strategy

　　如果在這張圖表裡，再加入利率與通貨膨脹的話，就可以畫出更詳細的 PE 走勢圖。下頁的圖是結合利率與 PE 所繪製的線圖。

　　黑線是以當前利率為基準的 12 個月預估（forward，未來預估收益）本益比。灰色實線是反應 2 年期公債利率後需要達到的合理預估本益比。也就是說，升息的時候市場的流動性會減少，股票的折現率會增加，倍數會減少。

12 個月預估本益比　　　反應 2 年期公債的 12 個月預估本益比
--- 反應 10 年期公債的 12 個月預估本益比

資料來源：FMRCo, Bloomberg, Haver Analytics, FactSet

　　簡單來說，如果銀行利息給得很大方，大家把錢放在銀行就好了，也就沒有誘因一定要投資股票。所以當錢開始流向銀行的時候，就不像以前一樣，大家不會以昂貴的價格買進單位獲利。

　　假設我們想在本益比上反映出通貨膨脹和景氣循環，就會用到CAPE 指標。CAPE 也是本益比，全名為「景氣循環因素調節後本益比」（週期調整本益比，Cyclically Adjusted PE），CAPE 取自於英文的字首。

　　從下頁圖表中可以看到，2020 年通膨開始暴漲，隨之創下了史上第二高的 CAPE。近期雖然因為股票市場盤整，指數有些回跌，但是依

然處於歷史前 95% 的高數值。

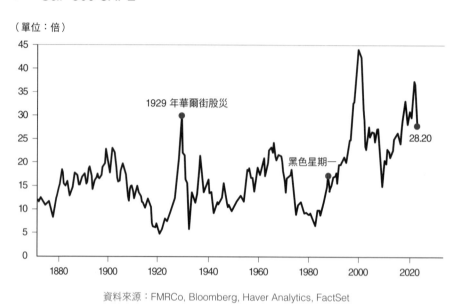

（單位：倍）

資料來源：FMRCo, Bloomberg, Haver Analytics, FactSet

　　最後一個是以 GDP 為標準，在大框架下以客觀的角度呈現股市相對價格的指標——巴菲特指數，也是巴菲特本人使用的指標。這個指標可以顯示出，股價指數總市值相較於 GDP 的占比多寡。巴菲特指數可以顯示金融市場，也就是股票市場總市值與 GDP 的比值。

●⋯⋯ 巴菲特指數

（單位：％）

資料來源：Kailash Capital, LLC

圖中標註：
- GDP 的 172%　未來 10 年的報酬率是−17%
- 當今 GDP 的 184%
- GDP 的 65%　未來 10 年 S&P 500 的收益是 366%

縱軸：GDP與股市總市值的比率

　　讓我們來看一下 2019 年以後的巴菲特指數。總市值占比 GDP 超過 200％，這個數值甚至高過於網路泡沫時期。其實，巴菲特指數因為資本化愈演愈烈，所以有逐漸在上漲的趨勢，但即使把這部分也考量進來，從歷史的角度來說，巴菲特指數依然可以顯示出股票市場過熱與衰退的程度，也可以客觀表現出目前市場處於哪一個位置。從長遠來看，我們可以在指數達到極限值、過度暴跌或過度上漲的時候，把巴菲特指數當成一個很好的參考指標，用來改變我們投資組合的部位。

過熱與衰退的技術指標：ADR、RSI、VIX

假如硬是要幫前面講解過的指標做個分類，可以稱它們為「基礎分析工具」（tool），用在從非常長遠的角度，針對趨勢或走向進行「立場釐清」時使用。這些指標的缺點在於，它們無法被應用在為期一週或一個月左右的交易策略上，屬於長期指標。技術指標可以彌補長期指標的不足之處，所以我們最好也要了解幾個技術指標。

首先是 ADR（Advance Decline Ratio，漲跌比率指數）。ADR 可以顯示上漲的股票和下跌的股票比例，如果從形式上為這個指標做分類的話，它屬於變動性指標。透過這個指標，我們可以得知市場會上漲或走跌，確認目前的市場偏上還偏下，這個指數如果超過 125 以上就代表過熱，此時就可以大概把股票賣出。但如果看到 ADR 持續下跌至 60～70，就代表指數已經完全觸底。

ADR 會在一定的區間內反覆漲跌。當賣方都賣完了，股價就不會再跌，當買方不再買進，股價就無法繼續上漲。如果以長遠的眼光設定市場的方向，就必須等待 ADR 反應後再交易。

●······ 2000～2003 年那斯達克指數

資料來源：有進投資證券

　　我們來看一下那斯達克指數。我們必須要等事過境遷之後，才能看得出跌勢。但是這段期間的股價指數，少則反彈 20％，多則反彈 40％。就算股市處於下跌期，我們也不可能都不碰股票，但反正所謂的趨勢，是由景氣和流動性緊縮及估價所形成的，這當中必定會出現技術反彈。這種時候我們就可以使用變動性指標，找出低點和高點。

　　如果不想看股價指數，想了解現在自己手上的個股大概處於哪個位置，那就使用 RSI（Relative Strength Index）。RSI 是相對強弱指數，當賣方反應力度較大的時候，就會朝 0 走跌；當買方反應的力度較大的時候，就會上漲至 100。RSI 下跌至 30 以下的時候代表賣超，上漲到 70 以上的時候代表買超。

　　但是實際再使用這個指標進行交易時，必須先抹去它的名字所產生的偏見。說到「買超」，我們都會覺得是不可以再買進，對吧？因為這表示股票已經有太多人買了，不是嗎？但是實際上，RSI 70 以上的股

票，短期暴漲的情況非常多。當 RSI 位於 30 以下的時候，大家都會認為很便宜而買進，但實際上，這種便宜的情況可能會維持相當長的時間，或多半會面臨趨勢下跌的情況。

●┈┈ RSI

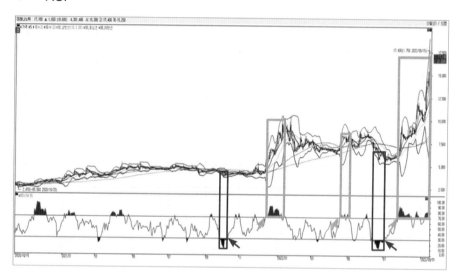

資料來源：有進投資證券

所以，實際應用的時候，要等 RSI 跌破 30，接著又再度站上 30 以上的時間點，也就是上圖深灰色方框的部分再買進。除此之外，淺灰色方框是 RSI 上漲超出 70 的時間點，此時是短期交易集中驅使行情上漲的區間，必須跟著一起交易。

宏觀會決定流動性、估價與指數的走向，若我們能透過指數的波動掌握短期盤整與過熱的情況，就可以說是基本上已經具備了投資個股所

需要的基本養分。但股票不一定會跟著指數走,每一檔股票都有自己的起承轉合。所以,我認為交易個股的時候至少要使用一個其他的變動性指標,才不至於因為逆向投資而虧損。

風險指標:CDS、高收益債券利差、殖利率曲線倒掛

有人問我,我們有辦法提前察覺危險的市場狀態嗎?我們雖然會大量學習該如何買進股票,但是對於規避風險的方法總有著非常不合理的想法。有人說「巴菲特和彼得‧林區都說不要太在意市場,把這個時間拿來研究個股就好」,他們認為在意市場風險這件事,本身就是一個野蠻的舉動。

但這個言論是錯誤的。巴菲特不判斷市場的處境?彼得‧林區說過這種話嗎?並沒有。他們說不要努力去迎合市場,但意思是要對市場的狀態睜一隻眼閉一隻眼嗎?他們說這句話的當下,美國證券市場的氛圍也很重要。當時謠言或圖表交易取代了個股本身,成為了主流,而他們想要呼籲大家不要這麼做,要確實查看股票的財務報表或事業內容,以長遠的角度進行投資,他們以批判性的角度在看待當時的情況,所以脫口而出說了這些話,反而造成了誤會。

評估某家企業的事業前景和未來價值的時候,怎麼可能不考慮經濟的走勢呢?巴菲特也說過:

「如果未來情況轉好，有許多便宜又良好的股票，我就會買進，但如果找不到這樣的股票，我就會持有現金，因為未來市場一定會再發生暴跌。」

巴菲特是巴菲特指數的創始人，他從來都沒有說過，大家可以在不知道市場處於被低估還是高估的狀態下，無腦買進並持有股票就好。

我們先把這些誤會放一邊，來看一下幾個可以讓我們了解市場風險狀態的指標。市場危險的時候，我們只需要看 CDS（Credit Default Swap，信用違約交換）、高收益債券利差（HYspread）、殖利率曲線倒掛（yield curve inversion）幾個指標就可以了。

首先，我們先看到殖利率曲線倒掛。在這之前，先了解一下殖利率曲線，有助於各位更容易理解。

一般來說，殖利率曲線是在相同的條件下（帳面價值、利率）把到期日與債券殖利率的關係繪製在同一張圖表上。即便是同樣的債券，只要到期日較長，債券的利率就會愈高，原因在於它反應出了不確定性。簡單來說，就像是我們去銀行的時候，1 年定存的利息假如是 3%，3 年的利率就會是 4.5%，到期日愈長，利率就愈高。

●……殖利率曲線

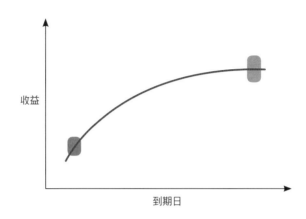

　　但是這種情況在某些場景下會發生倒掛，也就是短期公債的利率高於長期公債。一般情況下，當 Fed 拉高短期基準利率，短期公債也會隨之上漲，然而長期公債的利率，相較於短期的 Fed 政策更能反映出經濟狀態，因為長期公債價格彈性較弱，不會因為 Fed 調漲基準利率就輕易變動，所以會發生倒掛情況。

　　但是當殖利率曲線發生倒掛，實體經濟毫無意外就會發生衰退或衝擊，股市也會出現相當大的跌幅。

　　讓我們來看看，過去 10 年期和 2 年公債發生殖利率曲線倒掛時，股市發生了什麼事。1987 年儲貸危機從美國開始延燒，墨西哥的經濟因此陷入困境。1997 年長期資本管理公司破產，東亞面臨危機，韓國迎來了 IMF 事件 [1]。與此同時，美國發生網路泡沫。此後，2007 年又爆發了雷曼兄弟事件。雖然這當中存在著時差，不過可以確定殖利率曲線倒

1　編註：亞洲金融風暴期間，韓國瀕臨破產，接受 IMF 有條件的金援。

掛是領先指標。

雖然只不過是發生了殖利率倒掛，但是資金的流動卻被卡在某個地方。人們手持橫財（easy money）做生意，以拆東牆補西牆的方式管理資金，但是沒有收益性的地方卻接連爆發。也就是說，在不管是國家、公司、個人的負債都在增加的狀態下，如果政策轉彎，就必須有人出來承擔。

放眼全球，有些國家會開始出現美元外流的情況，原因在於美元是國際貨幣。所以說，這與韓國銀行升息不同，當殖利率曲線倒掛現象發生的時候，這種事情就會開始接連爆發。

後來又爆發了新冠肺炎，但傳染病屬於不正常的事件，所以我們先把它從這裡排除。

先分別看到下頁圖表上出現殖利率曲線倒掛。我們把從 2018 年底開始延續到 2019 年的趨勢中，除去 2020 年與 2021 年新冠大流行的區間，直接接到 2022 年。像這樣稍作調整的話，Fed 的利率波動與殖利率曲線倒掛的時間相互關係走勢會更加自然。

我們一眼就能看出，殖利率曲線倒掛是幾乎每十年就會發生一次的信用膨脹和緊縮循環。也就是說，雖然在殖利率曲線出現倒掛現象時沒發生任何事件，但指數不會平白無故下跌 30% 左右，代表後續可能會爆發某些事件。這種情況下，我們通常不知道接下來會爆出什麼事件，也不知道哪裡會出錯。但因為已經發生了殖利率倒掛的現象，所以我們知道，這表示目前金融市場的流動性緊縮，可能會「導致實體經濟發生重大事件」，而且這個事件會再度打擊金融市場，使其發生逆流現象。

●·········殖利率曲線倒掛現象衝擊

（單位：%）

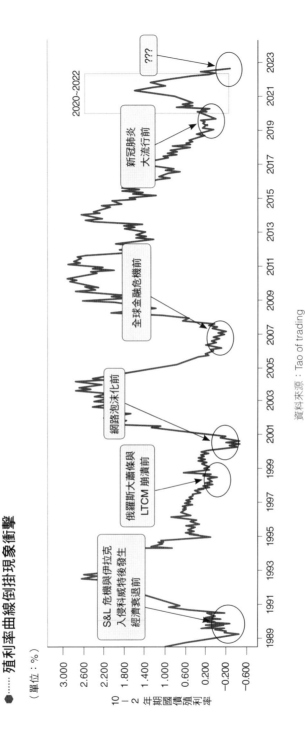

資料來源：Tao of trading

接下來我要講解的是 CDS 指標，也就是信用違約交換。我們可以把 CDS 看成是一種保險。以汽車來說，未滿 26 歲且有事故經歷的駕駛所負擔的保費會上漲，同樣的道理，有可能破產的國家或企業，CDS 的溢價將會暴漲。

●······ CDS

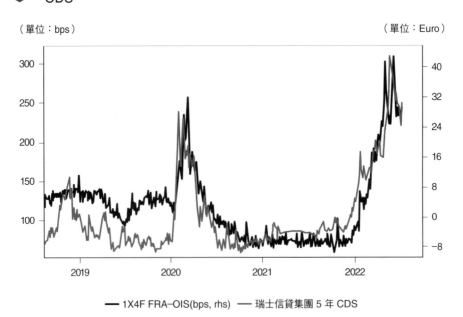

（單位：bps）   （單位：Euro）

── 1X4F FRA−OIS(bps, rhs)　── 瑞士信貸集團 5 年 CDS

資料來源：有進投資證券

從圖表上我們可以看到，每當 CDS 上漲，就一定會發生危機。歐洲銀行的 CDS 溢價比新冠肺炎大流行時期來得更高。雖然原因很多，但實際上是因為原本充裕的美元，在回收的過程中導致了流動性的不足。

新冠肺炎爆發的時期至少流動性可以被放寬，但現在受到通膨的阻礙，所以也不能安心放寬。這種情況的發生，可以說比新冠大流行時期還要更危險。

最後讓我們看到垃圾債的殖利率——高收益債券利差。債券的等級大致上可以區分為投資等級（Investment grade）和投機等級（high yield grade）。這些債券以公債為基準值，依照債券的等級來決定追加的利息多寡，舉例來說 IG 債券多 1%，HY 債券多 3%，類似這種形式。但是當 Fed 轉為緊縮，流動性變得不足時，追加的利率就會愈來愈高，我們稱之為「利差」。HY 債券很可能以公債為基準值，也可能以 IG 為基準值。當 HY 債券的溢價暴漲時，就可能成為經濟衰退或股市崩盤的信號。

高收益公司債利差

（單位：%）

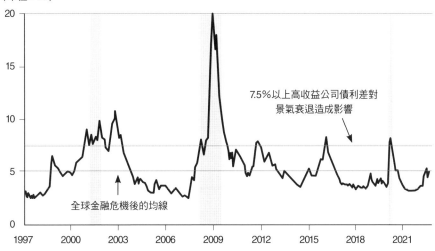

資料來源：ICE, moody's Analytics

在金融市場上進行風險控管時，只要稍微花點心思，尋找會提前發出警示的這些指標，就好比開車時認真查看交通標誌一樣，可以讓個人的投資行為變得非常安全。這些年來，我們不需要特別努力，只需要在網路上搜尋就可以找到這些資料，只要投資人願意多花一點心思，就可以輕鬆參照這些資訊。

　　投資久了之後，我們就可以感覺得到，比起荷包賺飽飽，更重要的是能夠在危險的情況下，用更多的智慧和靈活度，在不虧損的狀態下脫身。在這個大家都想賺大錢的股票市場上，談論一套沒有風險的投資方法，大家可能不太感興趣，即便如此，如果可以仔細觀察剛才介紹的指標，長期來說一定非常有幫助。

汝矣島崇尚的實體經濟指標

實體經濟指標

　　這個章節要看的是實體經濟的指標。其實金融市場與實體市場就像是汽車兩側的輪胎一樣，都取決於相同的軸心，如果有一側輪胎的氣灌得太飽，或是有一側輪胎沒氣扁掉，兩邊無法達到均衡，就會發生重大問題。

　　為了讓車輛可以安全行駛，兩側的均衡很重要。我們既不能大量釋放資金，也不能讓資金的流動率太少。貨幣政策就是在調節這方面的問題，當實體經濟無法運作時，不管釋放再多的資金，問題都難以解決。

　　這時候，就需要財務政策來解決資金問題。當資金過度釋放引發通膨，雖然市場上資金充沛，但若實體經濟無法運作，就會進而發生停滯和蕭條。

其實，不管是金融市場或是實體經濟，若是誰先發生問題，雙方都會互相影響。

如果你長時間接觸股票市場，就會發現股票會比實體經濟更先發生反應，但是整體結構終究還是會跟著實體市場的長期趨勢和走勢而波動。每個產業和個股事實上也都會受到宏觀指標的大幅影響，所以我們必須仔細鑽研可以用來衡量生產、消費、投資、就業的主要宏觀指標。

ISM 製造業指數

ISM（Institute for Supply Management）製造業指數是由美國供應管理協會每個月公布的指數。指數衡量的方式是：美國供應管理協會針對各家公司 300 多位的採購負責人進行包含 9 項問題在內的問卷調查，並在每個月第一週的工作日公開調查結果。

他們會針對新訂單、存貨、生產、就業、原物料價格、配送速度、訂單餘量、出口、進口等進行提問。這個指標之所以重要，是因為它扮演著領先指標的角色。特別是會扣除這當中 5 個項目，且另行公布的 PMI（purchasing manager index，採購經理人指數）。所以，ISM 製造業指數和 PMI 其實只是涵蓋的範圍不同而已。

但是這個指標在股票投資上非常好用。例如，當我投資的公司是生產半導體或製造業工程的中間材料時，就可以從他們出口國的製造業指數上，預測這家公司 1～2 季以後的業績。

◆‧‧‧‧‧‧ **費城半導體指數（SOX）與 ISM 新訂單增減率**

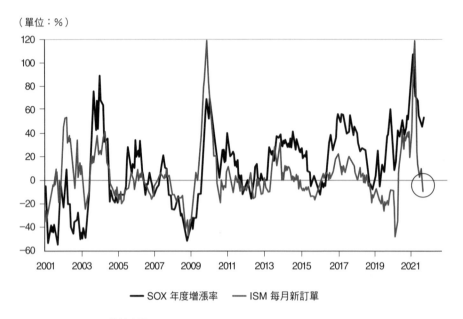

（單位：%）

— SOX 年度增漲率　— ISM 每月新訂單

資料來源：BofA Global Investment Strategy, Bloomberg

　　從上圖可以看出，ISM 新訂單增減的走勢，跟費城半導體指數如出一轍。所以，當 ISM 製造業指數斷鏈的時候，投資半導體就不會是個好主意。

　　至於韓國的半導體呢？當 ISM 製造業指數表現不佳的時候，三星電子與海力士的股價也不會有好的表現。KOSPI 中，半導體占比很高，所以當 ISM 製造業指數好轉的時候，再投資 KOSPI 就行了，不會太複雜。

●······ 製造業指數（ISM）

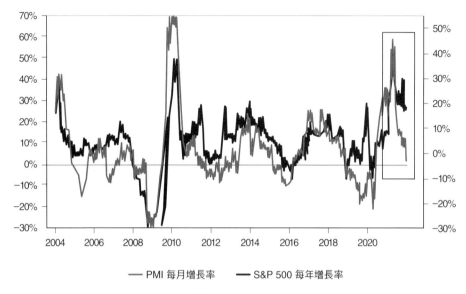

資料來源：Morgan Stanley

　　上圖的灰線是 ISM 製造業指數。當 ISM 製造業指數下跌時，S&P 500 指數也會跟著下跌，上漲時則是會一起上漲。兩者之間具有時差，雖然有時會出現背離，不過我們可以看出趨勢上很相似。

　　如果仔細觀察這個循環的話，會發現信用的膨脹與緊縮，跟前述的殖利率曲線倒掛正好一致。所以，如果你想了解 S&P 500 指數的預估利益，觀察 ISM 製造業指數就行了，雖然不能得知準確的數值，但至少可以看出走勢。就算不是專家，每個人也都可以掌握大方向，預測股市的漲跌。

消費指標：消費者信心指數

接下來是消費者指標。預估消費的指標有很多種，有零售銷售額（retail sales）、耐久財消費（durable consumption）和消費者信心指數（consumer sentiment index）等。我們在股票投資時，最常使用的領先指標就是消費者信心指數。消費者信心指數以問卷的方式進行調查，由世界大型企業聯合會（CS, Conference Board）與密西根大學公布。

消費者信心指數公布的週期和內容每次都會有些不同。密西根大學會以 500 位調查者作為樣本，進行消費者心理指數的調查，內容大概是「跟一年前相比，你的生活有變好嗎？你認為未來會變得如何？」、「你對未來的國家經濟有什麼看法？」、「你對未來 5 年的前景有什麼想法？」、「你認為現在是適合購買傢俱、電視、冰箱等耐久財的好時機嗎？」等問題。

世界大型企業聯合會則會以 5,000 戶家庭作為樣本，調查消費者信心指數，內容大約是「你所在的地區景氣還好嗎？」、「該地區的就業市場表現如何？」、「你認為 6 個月後你居住地的景氣會發生什麼改變？」、「你認為 6 個月後你居住地的就業市場會發生什麼改變？」、「你認為 6 個月後你的收入會發生什麼變化？」等問題。

所以，使用消費者信心指數的時候應該要區分清楚，簡單來說，密西根大學主要把重點放在耐久財的消費上，世界大型企業聯合會的重點則是就業市場。

●······ 消費指標（消費者信心指數）

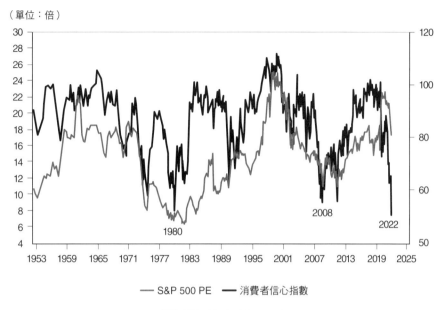

（單位：倍）

資料來源：Yardeni Research

　　從上圖可以看出，S&P 500 指數的走勢與消費者信心指標的走勢大致相同。黑線是消費者信心指數，所以當消費者信心下降的時候，S&P 500 也會走跌。重點在於消費者信心會比股價指數更先發生波動。原因在於消費占美國經濟的 70～75％，所以美國企業的業績會隨著消費的波動而改變。

　　消費者信心崩潰時，假如 S&P 500 指數卻大漲，就要稍作思考了。要觀察看看，股價指數有沒有可能走跌，如果不是消費的話，在生產或投資方面，是不是有產業在引領著經濟動向。只要觀察消費者心理與股價指數，透過對市場提問並找出解答，就可以找到很好的結論。

物價指標：CPI、PCE

　　這一節我們來了解一下以通膨指標著稱的物價指標。通貨膨脹指的是物價全面性上漲的情況。但是，近期因為通膨，Fed 實行緊縮，導致股市走跌，所以投資人一聽到通膨就感到厭惡。但是比起通貨緊縮，通貨膨脹其實對股市更好。當物價逐漸上漲，就會對企業的銷售額帶來好的影響。

　　下圖灰色部分是通貨膨脹，市場如果像 1990 年代一樣維持適當的通貨膨脹，對股市而言非常好。但是 1970 與 1980 年代的通貨膨脹就上漲得太過快速。

　　從股價指數與通貨膨脹的相互關係中，我們可以看到在通膨穩定的時期，股價指數會持續走揚，但是通膨急劇上漲的期間，股價指數就會下跌，甚至暴跌。

●⋯⋯ **通貨膨脹指標（CPI、PCE）**

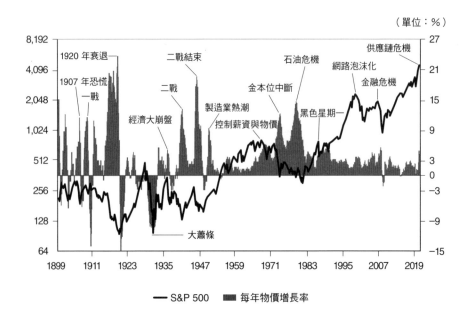

資料來源：Real Investment Advice

通貨膨脹的反義詞是通貨緊縮。當物價增長率低於 0%基準的時候，就會進入通貨緊縮的時期，這個時期的物價反而會下跌，大部分都是經濟衰退或大蕭條等景氣衰退期才會發生這種情況。正常成長是最好的經濟體系，在這種情況下，我們最偏好的就是緩慢的通貨膨脹，我們把這種時期形容為金髮姑娘（goldilocks）[1]，股市上漲而且通貨膨脹也在緩慢上升。

　　衡量通貨膨脹的指標有很多種，但這裡我想探討其中兩種指標——CPI（Consumer Price Index，消費者物價指數）和 PCE（Personal Consumption Expenditure，個人消費支出物價指數）。

　　原本一直到 2000 年代初期為止，CPI 都是主要指標，但是隨著 Fed 把 PCE 當成制定政策的標準之後，PCE 變成大勢所趨。這兩項指標都是用來推測物價，但是兩者在推測的對象、計算方式和權重等方面略有不同。

　　從下頁表格可以看到，主要測定項目中，房屋（Housing）、醫療保健（Medical care）、汽車的比重有著明顯的差異，其餘部分則大多都很相似。在 CPI 裡，房價造成的影響較大，但是在 PCE 卻認為有關醫療保健支出的部分更為重要。也就是說，PCE 受服務相關條件的影響更多。這就是兩個指標之間的差異，因此當醫療費用上漲的時候，PCE 就會隨之上漲；當房價上漲的時候，CPI 就漲得更多。

---

1 不冷不熱恰到好處的狀態，指即使經濟成長，物價依然沒有增長的狀態。

●······ 2015 年 12 月的 CPI 和 PCE

CPI 支出範圍	2015 年 12 月		
	PCE 權重	CPI 權重	PCE–CPI：權重差異
所有項目	100	100	–
飲料	12.9	15	−2.1
房屋	23.6	42.2	−18.6
居住區域	16.4	33.2	−16.8
其他房屋	7.2	9	−1.8
服裝	3.8	3.1	0.7
交通	10.4	15.3	−4.9
醫療	22	8.4	13.6
娛樂	7.6	5.7	1.9
教育與電話費	6.2	7.1	−0.9
其他商品與服務	13.4	3.2	10.2

資料來源：Bureau of Economic Analysis

　　物價指數與股票市場有著相當密切的關係。假設在高速公路行駛時，最高速限是 120km/h，最低速限是 70km/h，那麼只要開在 70～120km，不管開多快，都只是駕駛的個人選擇，不會有任何問題。

　　物價跟時速一樣，如果跌到 70km 以下，稱為通貨緊縮，這時候就必須拉高速度，反之，如果上漲到 120km 以上，稱為通貨膨脹，就必須

冷靜下來。

　　物價只要不超過某個臨界值，就不會對投資造成過大的影響。每個月公布一次的物價指數，除非是像 2022 年一樣出現 40 年來一次的暴漲或暴跌，否則物價指數對於股市而言不是太重要的指標。

　　下一個指標是就業指標。如果要在實體指標中選出一個最重要的指標，那就是就業指標了。就業指標包含失業、就業、薪資等數據。就業指標會對政府的政策和選舉造成影響，是 Fed 和政府非常密切關注的指標之一。

　　就業指標包含初領失業救濟金人數、新增就業人數、每小時薪資、失業率等，會以每週或每月為單位公布。當就業狀況良好，人民擁有收入，所得當然就會誘發消費。從美國經濟的先天結構上來看，就業指標會對汽車和房產造成偌大的影響。就業三個月以上的話，美國人民就可以拿著證明貸款買房或買車。所以，就業指標的好壞，會決定經濟狀況的好壞。

　　不過，就業指標是景氣落後指標，在分析就業指標的時候，需要非常複雜且精密的經濟學知識。從就業指標和股市之間的關係看來，就業指標是判斷過熱或衰退非常重要的指標。

●⋯⋯ 失業率與房屋市場指數

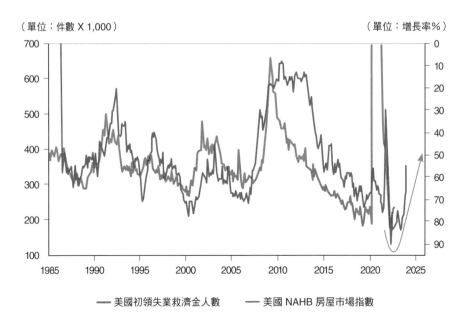

（單位：件數 X 1,000）　　　　　　　　　　　　　　　（單位：增長率%）

—— 美國初領失業救濟金人數　　　—— 美國 NAHB 房屋市場指數

資料來源：NAHB, Bureau of Economic Analysis

　　請看上方的圖表。經濟、失業與房價的關係非常重要，房價上漲的
話物價就會上漲。那麼最主要反映出房價的指標是什麼？房價會跟著什
麼東西上漲？其中最重要的就是流動性，其次重要的就是就業市場。

　　圖上的橘線是初領失業救濟金人數，對照左邊的數值就可以了，而
左邊的刻度愈往上，數字則愈高。橘線走跌表示失業率降低，意味著就
業市場正在好轉，可以說橘線代表的就是失業率。

　　接下來看到灰線。灰線對照的是右側的數值，刻度愈往下，數字愈
高，也就是說，灰線愈往下走，代表房價漲得愈多。

我們仔細觀察一下這一張圖表的走勢。當兩條線同時下跌的話，按照左側的刻度，表示失業率正在下跌；按照右側的刻度，表示房價正在上漲。

也就是說，當失業率走跌的時候，結果會使房價上漲。從中可以總結出，當就業市場活躍的時候，股價就會上漲。假如政府或 Fed 想要壓低房價，就必須讓失業率和初領失業救濟金人數增加，如此一來房價就會下跌。所以，像現在這種物價上漲的時候，為了控制 CPI（物價），就必須讓失業率上升。

那麼，股價什麼時候會暴漲？只要在經濟走揚但股價處於低檔的時候買進就可以了。經濟走衰但是股價在上漲的時候，可以選擇買掉股票，或是進行反向操作。

如前所述，股票市場和實體經濟會互相影響，有時會轉好，有時會轉壞。但是在我近 24 年的投資生涯裡，我感受到的是，**當經濟出現好轉的趨勢時，股市也會跟著好轉**。當經濟崩潰，流動性無法好好流入實體經濟的時候，投資股票會變得非常危險，此時就要進行風險管理。把指標直接運用在投資上的時候，指標會告訴我們板塊和產業處於活躍還是衰退的狀態，我們就可以依照這個資訊進行投資。

上述是可以了解實體市場的各項指標。這些指標對於預測長期股市走勢非常有用，在某些轉捩點上，這些指標會出現非常敏感的反應。如果運用得當，將會對投資帶來非常大的助益，但其中有個問題，那就是指標的制定、運用與解釋的方法非常複雜。

我們不可能一步登天。但我很確定的是，只要能夠克服時差，把這

些指標運用在投資上，它們就會是非常優秀的投資指標，可以幫助我們取得大舉獲利的好機會，或是避免我們陷入非常危險的情況。股票有著比經濟更早出現反應的傾向，但奇怪的是，有時候又會反過來，很晚才跟上市場的腳步。固執己見最後被攔腰折斷的市場，有時會出現非常強烈的反彈或下跌。但是，實體市場依然是基準點，金融市場跟實體市場的動向是否一致，就留給投資人好好判斷了。

—

暴漲的核心，
時間跨度與背離

宏觀的實戰應用篇

　　如果有人說，學習宏觀經濟指標與金融市場指標對股票投資沒有幫助，我想告訴各位，事實並非如此。指標可以體現出市場與經濟上大大小小的事件與走勢，只有學會了指標，投資人才有可能在大趨勢中取得讓資產大幅增值的機會。

　　所以，在這個章節，可以說是綜合前述有關宏觀的核心與實戰應用篇，讓我們一起來看一下，時間跨度與背離是什麼，又該如何運用。

　　人們想要了解未來，投資人更是如此，但想要展望未來，必須有某樣基準和根據。我們必須跳脫自行腦補、把經濟變得複雜化的說詞，需要有理論與數據作為依據，把自己珍貴的資產拿出來投資，並且從長遠的角度觀察市場，掌握投資脈絡。我想在這個章節聊聊這部分的相關資訊。

落後與領先

從下圖可以看出，ISM 新訂單（new order）會比 ISM 製造業指數更先出現反應。ISM 新訂單先行於 ISM，我們稱之為領先；ISM 反應晚於 ISM 新訂單，我們稱之為落後。但是 ISM 會在落後三個月左右跟上腳步，對投資而言，這是非常重要的事件。

●⋯⋯ISM 製造業指數 vs. ISM 製造業新訂單負庫存（3MMA）

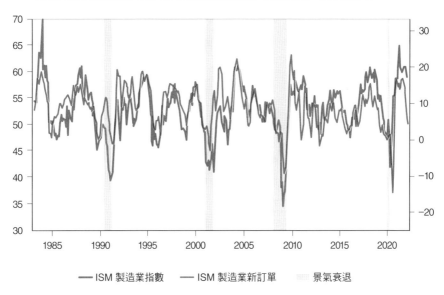

資料來源：Refinitiv Datastream, Stouff Capital

圖表上顯示，2022 年中，ISM 製造業指數非常屹立不搖，指數達到 58，但是我們可以從圖表上推測，3～4 個月後指數回跌到 50 以下的可能性非常大。

假如我們投資了 SOX（費城半導體指數）或韓國的半導體，就可以預測出未來會出現什麼走勢。也就是說，在這種情況下我們不可以買進股票。

請看到下方圖表。下圖顯示出了 ISM 製造業指數與各國中央銀行的振興政策。橘線是全球製造業的 PMI（對照左側刻度），灰線是實行寬鬆政策的中央銀行數量（對照右側刻度）。

●······ **各國中央銀行的貨幣振興政策**

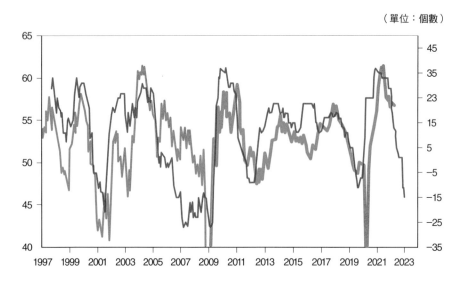

（單位：個數）

── 全球製造業 PMI
── 主要國家貨幣寬鬆政策的國家數量（轉負值時為緊縮政策國家數量）

資料來源：Topdown chart, Refinitiv Datastream

假如灰線走跌，代表右側中央銀行的數量會下修，刻度就會轉為負數。也就是說，如果央行選擇緊縮而非寬鬆政策時，這張圖表就會走

跌。但由於 PMI 會落後 8 個月，我們從中得知了 PMI（ISM 製造業指數）將會走跌。也就是說，2023 年的時候，全球 PMI 將大幅走跌，預告了全球經濟將會面臨衰退。

下圖是 LEI（Leading Economic Index，領先經濟指標綜合指數），LEI 是景氣的領先指標，結合了 10 項不同的指數，是用來預估經濟的指標。圖表中的橘線是 LEI，灰線是 S&P 的 EPS 成長率。

從這兩張線圖中可以看出，LEI 會領先 6 個月左右，也就是說 LEI 走跌的話，後續 S&P 企業的利益成長率也會下跌。

●······ LEI 與 S&P 500 EPS 每年成長率比較

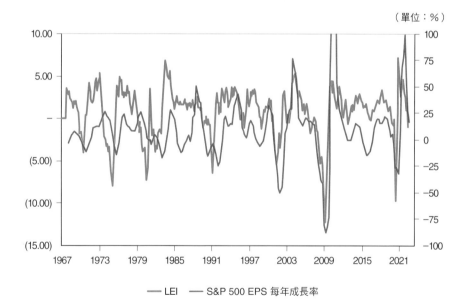

資料來源：Real Investment Advice

像這樣混搭經濟指標和金融指標畫成圖表，有些指標又可以用來針對其他方面進行預測。記住這些，我們就可以針對市場的漲跌獲得更詳細又更精準的投資指標。

　　散戶如果可以記住這些領先、落後與相對的時間跨度，就可以基於宏觀經濟進行合理的投資。除此之外，這些指標還會針對拐點、過熱和衰退等現象給出深刻的洞見，成為帶領投資人邁向黃金國的指南針。

背離

　　接下來我們要看的是「背離」。有研究過圖表的人，應該都有聽過背離，我們往往形容背離是──「內心渴望但是身體跟不上」。

　　背離指的是：某個區間內，股價走勢應該一致或應該相反時，走勢卻沒有按照牌理出牌的情況。只要好好掌握住背離的方向，就可以從中獲得卓越的洞見，帶來高額獲利。

　　接下來，是前面已經提過的消費者信心指數。請先看下一頁的圖表。我們可以看到消費者信心指數持續在走跌，這意味著美國企業的利潤率正在減少。原本企業賣出 100 元的商品，可以從中賺取 15 元的獲利，但是現在逐漸開始從 10 元、8 元、7 元，慢慢走跌。利潤率下滑，企業利潤規模也會縮減，即便是同樣 1 千萬元的銷售，利潤也會從 15％減少至 5％。如此一來，EPS（Earning Per Share，每股盈餘）也會減少，股市就會陷入困境。但是從圖表上，可以看到企業利潤維持在高檔的狀態下，消費者信心卻跌落低點，在這種情況下，可以預測企業的利

潤未來將會減少，這也意味著指數走跌的可能性非常高。除此之外，信
心指數會領先 6 個月，所以從這裡也可以從某方面掌握到往後 6 個月股
價的走勢。

●……企業利潤與消費者信心

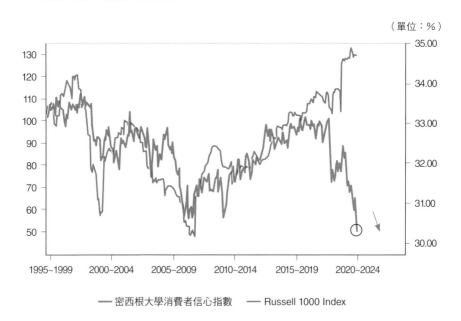

（單位：%）

1995~1999　2000~2004　2005~2009　2010~2014　2015~2019　2020~2024

——密西根大學消費者信心指數　　—— Russell 1000 Index

資料來源：Bloomberg

　　請看下頁的圖表。這裡也出現了背離，消費者信心（橘線）的表現
非常糟，但是股票的投資比例（灰線）依然維持在高檔，這表示 4～6
個月以後，資金會撤離股市，人們將會利用這筆資金來消費，這可能會
成為人們賣出股票的主因，也可能導致綜合股價指數走跌。

●……消費者信心與股票投資比例

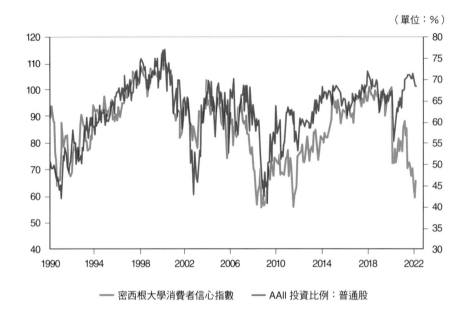

（單位：%）

——密西根大學消費者信心指數　　——AAII 投資比例：普通股

資料來源：Bloomberg

　　消費者信心指數嚴重惡化，在這種情況下如果還持有滿手股票，最後會發生什麼事呢？最後就得賣掉股票。所以說，每當股市上漲的時候，就會開始為日後賣壓湧現的齒輪式跌盤做準備。漲了就賣、漲了再賣、漲了又賣，反覆循環，這是為什麼呢？因為人們必須消費，但錢不夠用，所以消費衰退，企業利潤也隨之下滑，因此股價逐漸出現下跌的趨勢。

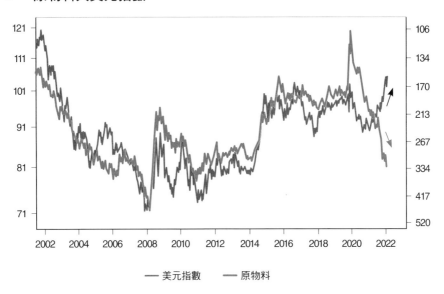

● ······ **原物料與美元指數**

資料來源：Optuma

　　最後，我們再看一張圖表。上圖是原物料與美元指數的相互關係圖。橘線是原物料（commodity），灰線是美元指數（dollar index）。圖表上，當美元指數上漲時，左側的數值就會愈來愈高，當原物料下跌時，灰線就會愈來愈往上走。所以說，當美元強勢的時候，原物料市場就處於弱勢，當美元走弱的時候，原物料指數就會上漲。

　　但是，從近期的走勢中可以看到，美元在強勢的同時，原物料的價格也在暴漲，發生了背離的情況。在這種情況下，不是美元貶值，就是原物料必須走跌。然而，從歷史上看來，美元往往會贏過原物料，所以原物料很有可能會出現非常大幅度的下跌。

　　如上所述，我們可以在這些無意之間擦身而過的經濟指標和資料

中，遇到名為「背離」的大好機會。如果可以提前用心鑽研宏觀經濟，就不會錯失這樣的機會，並且可以從中大舉獲利。

除此之外，如果直接投資半導體或原物料相關企業，或者投資 ETF 這類的商品，對你而言是一種理財的機會，那麼千萬別忘了，只要你努力不懈地研究這些資料，就能夠賺大錢。

別被不必要的東西偷走你的時間，
專注在市場上吧！

在什麼都可以買的市場上，
不知道該買什麼的投資人

TIMING TO BUY, SELL, MAKE A FORTUNE

**不存在於股票投資裡的三樣東西：
證照、三振出局、到期日**

　　我最近看著投資人的時候，心想，在這個充滿機會和工具的證券市場裡，原來投資人還真的會有無處可去的情況。

　　投資人什麼都可以買。不管是走揚或是走跌都可以投資；不管是股票、證券還是房地產，投資什麼都可以獲利，但是因為他們只盯著一個地方不放，所以才變得無處可去。因為他們只把焦點放在飆股、題材股，以及瞬間可以創造出大行情的股票，所以他們得了選擇性近視，腦海裡根本就想不到要以長期的觀點做投資。

　　在充滿機會的環境下，我不知道他們是因為機會太多，還是拿不定要投資哪個標的，很多人都不知道自己該投資什麼。我認為接下來我要談論的內容，可以幫助到這類型的投資人。

　　接下來我會談論，究竟什麼是領導股？領導股擁有哪些特性？要怎麼找？要從哪個產業著手尋找？以我的投資經驗來說，我認為成為股市老千最快的途徑就是買進領導股，以及區分出領導股與其他周邊股票。

　　「領導」指的是可以引領市場前進的產業板塊。當某檔股票正在養活大韓民國，或是投資人認為這檔股票未來將成為這樣的角色，從而集中投資，股價隨之高漲的股票，就被稱為領導股。舉例來說，當一檔股票的總市值從 500 億韓元上漲到 5 千億韓元，並不代表它就是領導股，

這只不過是一種利基（niche），這檔股票會成為一檔高成長股。

當汝矣島的投資人也在持續湧進某檔股票，該股票行情持續噴發，才是所謂的領導股。與此同時，整體產業和股票自身的總市值愈來愈大，這就是領導股。

舉例來說，有些股票在股價指數走跌的時候依然逆勢上漲，並不代表它就是領導股，而是利基市場（niche market）。領導股會在大盤下跌的時候反向主導。當指數上漲的時候，領導股會引領上漲，漲幅勝過指數；當其他股票走跌的時候，擁有力量可以撐起整個指數，這種股票就可以稱為領導股。

只要曾經投資過領導股，你就會知道股票投資的妙趣所在，並且無法從中脫身。不過，想選出領導股和領導產業，就必須燒錢，投資人只會因此心急且膽怯。所以我想跟大家聊聊。

你知道有三樣東西不存在於股市裡嗎？那就是證照、三振出局與到期日。

首先，投資股票不需要證照。開車也許需要駕照，但你不需要有證照就可以拿著能買好幾台車的資金投資股票。你只要帶著錢去開證券戶，就可以具備投資的資格。你有幾年的投資經歷、在證券公司工作過幾年、有錢還是沒錢，這些條件通通不需要，這些只不過是錯誤且不合適的權位訴求。只要拿錢進來投資，而且可以從中獲利，你就是老師、就是前輩。

在韓國，想在汝矣島工作當然需要證照，但那只是金融業法規的要求罷了，有證照並不代表很會投資股票。所以說，各位不需要因為自己

是初學者就畏畏縮縮，也沒有必要花時間讀書考取金融投資業才需要的證照。各位要做的就是真正賺到錢，利用必要的情報或分析從中獲利就行了。

其次，股票投資裡不存在三振出局。沒有人會拿著現金，一年到頭把錢放在 CMA（資金管理帳戶）裡，以預收款的名義綁架自己的現金流，然後被別人「請出場」。打棒球的時候，只要出現三次好球，打者就得放下球棒出場，也就是三振出局。不論打者打出界外球或是被保送，都必須要進壘。但是股市裡沒有三振和保送，不管你是打出界外球，還是站在打擊線上動也不動，都沒有任何人會被趕出市場，所以不需要著急，如果眼前不是好的機會，那就再等等。

最後，股票投資沒有到期日。定存會到期，債券也會到期，一般的投資都有期限。但是股市裡，不管 10 年、20 年、30 年，不管那間公司倒閉還是成功，我所持有的股票都不會因為到期被賣出或買回，不會收到利息，也不需要支付利息。股票可以陪我們走過漫長的時光，也可以一買進就立刻停損，切斷彼此之間的緣分。所以，當我們反向思考的時候，就會發現如果不考慮投資的期限，股票投資將會非常困難。

我會提到這三點的原因很簡單。我想告訴各位，不要被不必要的東西偷走你的時間，要專注在市場之上。束縛自己的東西愈多，就愈容易導致我們錯過真正的重點。

不必癡癡地等，
就能成功投資領導股

如果不想失敗，至少要知道什麼是領導股

　　市場走揚的時候，總會出現領導股。領導股的行情會強勢噴發，能量集中在非常短期的時間內，優點是可以在短時間內快速獲利。領導股在初期很難判斷，而且由於行情變動性較大，新手往往會在上漲初期稍微獲利時就賣出，接著又在行情爆發的高點附近追高，最後遭受鉅額虧損。就算是看起來再好的股票，如果沒有獲得市場的認同，就無法成為領導股。所以在投資的過程中，我們必須付出很多努力，時時刻刻觀察市場在想什麼，密切觀察是什麼力量驅使行情噴發。

　　在前面的章節，我告訴各位，不要急，投資要慢慢來，但是為什麼又在這裡談論著氣勢洶洶而且看起來似乎有些危險的領導股呢？原因就在於，如果想要成功，最好的選擇終究是購買會快速上漲的股票。除此

之外，雖然領導股的行情會強烈波動，但是投資下去就會感覺到——領導股是最安全的選擇。

如果可以把握牛市裡的領導股，領導股會為我們帶來遠高於股價指數的高額獲利。雖然領導股在市場進入盤整的時候也會一起進入盤整，但盤整完之後，領導股只需要非常短的時間就能夠復位。所以說，領導股是一個「痛苦少、收益高」的投資標的。

如前所述，宏觀經濟非常重要。因為宏觀經濟不僅牽涉到市場的漲跌，還會指引我們哪一個產業或股票將會成為領導股。

請看下圖。這張圖表呈現出了過去 70 年來，美國領導股的報酬率與產業。我們可以看到，一般來說，一旦被選為領導股，就會帶來將近10 年的行情噴發。

 以 10 年為週期的領導股主題與累積報酬率（USD）

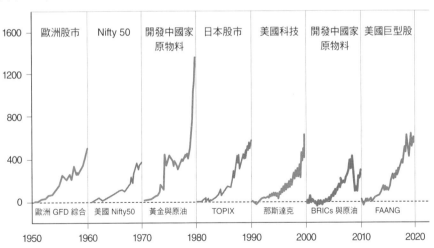

資料來源：MSIM, Bloomberg, Factset, Haver

從圖表上可以看到，引領一段時代的領導股，幾乎不會再成為下一次牛市裡的領導股。雖然 1990 年代科技產業中的部分企業，在 2020 年的牛市裡也被納入了領導股的行列之中，但是從大趨勢來說，還是有發生變化。

市場能不能進入牛市很重要，因為這個問題會告訴我們，現在能不能把自己手邊大部分的資金投入股市，也就是說，它會告訴我們——現在股市可以承載的資金比重是多少。之所以要判斷股價指數是漲是跌，就是為了判斷當自己有 10 億元資產的時候，可不可以全數梭哈；還是只能拿出 1 億元來投資，進行風險管理，僅此而已。

但問題在於，就算市場表現良好，為什麼我買的股票還是不會漲？股價指數的上漲是股價的平均價格，指數上漲並不代表所有股票都會上漲。也就是說，股票裡面有些股票漲得比較少，最好盡可能找到漲幅較多的股票，之所以要尋找領導股與領導產業的原因就在於此。

投資股票的方式有很多種。利用股價估值低檔買進的策略，從長期看來也很不錯，坐領股息累積收益的方式也不賴，但是股票的奧祕之處就在於領導股。

要先了解時代精神

所以，要怎麼選擇領導股呢？找尋領導股的第一要件就是——時代精神。我的意思不是要大家走在時代尖端，而是要找出引領著那個時代的時代精神。

我從 1998 年開始投資股票，當時是網路泡沫的時代，也是網路與電腦連接、社會結構與產業快速重組的時期。當時的我只想著股票有漲有跌，只思考今天哪一檔股票會漲，雖然賺了不少錢，但是事過境遷之後，我才知道那是一段怎麼樣的時期。

隨著中國從 2001 年加入 WTO（World Trade Organization，世界貿易組織）後，投資新興國家的人基本上都大賺了一筆。股價指數上漲50％的那段期間，在韓國股票市場裡投資與新興國家有關的股票和產業的投資人，也都取得了 10 倍、20 倍的獲利。接著從 2010 年開始，投資美國 FAANG 平台企業的投資人從中大舉獲利。

我們必須掌握是什麼讓世界運轉，當中的時代精神為何，因為社會資本會大量往該處投資，費用的支出就會創造出無數的機會。

接下來，我們來看看下頁圖表中幾檔股票的走勢。

天藍色是 005930 三星電子的股價走勢圖，我們可以看到，直到2007 年以前，三星電子都沒有太多的漲幅；紫色是 005380 現代汽車，截至 2007 年以前上漲了將近 600％；粉紅色 009540 是當年的韓國造船海洋，目前已經改名為韓國重工業，我們可以看到，直到 2007 年為止，它的漲幅非常驚人。

資料：yahoo finance

　　那麼，2007 年以前的這波牛市裡，領導股是誰？就是造船股。雖然其他股票也有漲，市場的股價指數也有上漲，但是在 2007 年以前買進造船股的人，都可以賺取 15～16 倍的獲利，相較於股價指數，這無疑是非常高額的獲利。假如當時可以早 1～2 年左右在低檔進行投資，在 KOSPI 指數上漲 60～70%的期間，造船股的投資人便可以搭上漲幅接近 7 倍的領導股，從中大舉獲利。

　　想要從股市裡選出這類型的股票，就必須先了解宏觀市場的走向。2001 年開始，新興國家的股票市場開始蠢蠢欲動，此時的觸發點（trigger）就是中國加入 WTO。從 2001 年開始到 2007 年為止，中國開始進行基礎建設投資，市場快速產業化，於此同時，相關的股票漲勢非常猛烈。

　　在此之前，在自由貿易的世界裡，中國屬於非常窮困的共產國家。

但是隨著 1990 年代末期蘇聯解體後，中國開放門戶，情況開始發生改變。龐大的內需市場與落後的基礎設施、不足的消費品等各個面向，中國成為了充滿商機的國家。此時中國需要的是造船、鋼鐵、化學、塑膠、重型裝備等「重厚長大」，也就是又重、又厚、又長的大型產業。他們花費十年的時間投資基礎建設，建造高速道路，並建設消費品工廠。為了承擔這些物流，中國需要增設許多船舶和港口的 CAPA（capacity，生產能力）。

與此同時，韓國的現代汽車大量銷往中國。除此之外，如果想要投資基礎設施，韓國就需要船舶向巴西、澳洲等地買進鐵礦石，加工後再出售，這使得韓國造船股的股價高飛。當時是全球經濟開始分工的時期，在供應鏈（supply chain）上，中國扮演著至關重要的角色，上述就是當時的時代精神。

接著我們再來看看 2009 年以後的情況。紫色是現代汽車 005380，粉紅色是造船股 009540。2007 年之後，現代汽車的股價持續上漲。接下來，次貸危機爆發後，2009 年，汽車（紫色）與造船（粉紅色）再度開始引領漲勢。

那麼三星電子呢？2012～2013 年智慧型手機問世之前都沒有太多的漲幅。從圖表上可以看到股價幾乎 10 年來都沒有上漲，處於橫盤。所以說，我們是直至今日才開始歌頌三星電子的好。如果這五年來都在投資三星電子的話，代表這個人投資的只不過是一檔漲不動的股票。

2009 年後股市大幅走跌的狀況下，汽車股漲幅接近重工業股。但是隨著中國開始自行研發汽車以後，韓國汽車股的股價便開始走跌。歐

洲從 2012 年開始在中國鋪設汽車產線，歐洲車開始在中國生產，銷量開始贏過韓國車。

除此之外，此時中國施行農民工進城的政策，換句話說，就是開始執行城市化。城市的所得隨之增加，汽車雖然開始廣為普及，但另一方面，由於中國人民的所得提升，所以消費喜好在 10 年後完全改變。相較於性價比雖高但品牌形象不足的韓國車，價格高昂且知名度高的德國車或美國車反而更加暢銷。

2008～2009 年，隨著蘋果開始推出智慧型手機，世界開始發生變化。這個時候是 Galaxy 剛開始萌芽的時候。後來三星電子智慧型手機的市占率開始上漲，在 2016 年，三星電子的股價一鼓作氣大幅躍升。隨著智慧型手機正式開始在全球普及化，這時期智慧型手機必備的小型半導體與智慧型手機，引領著三星電子的業績。

但是，從 2016 年開始到 2017 年，模式又發生了變化。

再度升級

2017～2018 年，雲端開始普及化。通訊市場上也開啟了手機可以快速上傳和下載的新世界，4G 開始往 5G 過渡。

社會方面變化的重點則是社群服務。隨著 Facebook、Instagram、YouTube 等服務開始普及於個人用戶之中，人們的需求開始朝著出乎意料的方向發展，也就是智慧型手機的相機。人們要求手機搭載拍出更清晰、更高畫質照片的相機，因此智慧型手機硬體業者開始快速升級相機

的性能。

然而問題卻在於通訊公司。如果想要上傳與下載更高畫質的影像或影片，通訊公司就必須擴大通訊網路的投資，所以 4G 開始快速轉換成 5G。2016～2017 年，就是 4G 轉 5G 趨勢在全球擴散的時期，是 5G 市占率上升的時期。

與此同時，大數據平台業者開始投資擁有最高級配置的半導體數據中心。隨著人們開始頻繁更換搭載著優秀相機的智慧型手機，同時擁有這兩項事業部門的三星電子，股價開始水漲船高。

此時，三星電子進行了公司治理結構重組，隨著三星電子進行股票分割，截至 2015 年為止，上漲 750％左右的股價，漲幅一口氣超過 2,000％。韓國股價指數上漲了 2.3 倍，韓國造船海洋與韓國重工業上漲了 300％，現代汽車上漲 1,000％，三星電子則上漲了 1,300％。

但是，如果把期間和時代分開來看，長期投資並非萬能，結論是要即時找到可以引領市場的股票。想像一下，假如你現在才開始長期投資造船股，光想就令人心驚膽跳。重點在於，如果我們能夠看出當下的時代潮流與方向，就能從中大舉獲利。

請看到下頁的圖表。2017 年是三星電子股票開始大漲的時期。Naver（天藍色）從 2013 年開始上漲，然後就進入了一個長期的箱型走勢，這個狀態一直到什麼時候？2020 年為止。接著 Naver 又在 2020 年到 2021 年快速上漲。

隨著智慧型手機普及化，2009 年開始，三星電子的股價雖然悄悄先行上漲，但在 2013～2014 年，3G 過渡至 4G 的時候，Naver 的股價一

鼓作氣大幅上漲。爾後，隨著行動裝置普及，Naver 購物開始大舉獲利，2017 年 Naver 股價又再次升級。這就是時代精神，Naver 的股價在這個時期，相較於 20 年前，上漲了 60 倍以上。

●······ Naver 的股價走勢圖

資料來源：yahoo finance

選股的標準與範圍設定

要怎麼找出領導股？

宏觀經濟很穩定，而且你也已經了解時代趨勢，那麼，接下來該怎麼做呢？同一個產業底下，應該要買進什麼股票呢？

以我的經驗來說，我們經常錯過會帶動領導股的龍頭股。如果提前做好準備，龍頭股有幸成為領導股，就能夠大舉獲利，然而實際上，股市裡資金的動向，就像煙囪冒出的煙霧飄散至空中的軌跡一樣虛無飄渺。

即便如此，還是有方法。當領頭的人動了，後面的跟班就會跟上，就算遲到，開始行動就行了，只不過後續還得要轉乘。簡單來說，如果你錯過了從鄉下開往首爾的巴士，但是這台巴士才剛出發 5～10 分鐘左右，還是可以搭計程車追上那台巴士，雖然顛簸和不安，依然有可能辦

得到。

　　過去只能在電腦上使用的 Naver，現在已經可以在智慧型手機上使用了，隨著我們從 3G 過渡到 4G，4G 市占率逐漸提升，手機取代了桌機，我們開始使用手機上網。「即時搜尋」如實體現了這種趨勢，Naver 公司的力量就原發於即時搜尋的排行榜，現在的我們正處於 Naver 統治力擴散的時期。

　　關注這些細微的變化，這個世界正在一點一滴地改變，如果我們有能夠洞悉世界的眼光，也許就能成為一位集大成的投資者或投資專家。但事實上，普通人很難察覺這些事物，因為日常生活過於繁忙，根本無法在這些地方多加用心。

　　到頭來，我們還是得另尋他法。雖然不能超越別人，但難道沒有方法可以讓我們在稍微遲到的時候，還是能搭上這波趨勢嗎？

看著銷售額與營業利益趨勢投資，就不會一敗塗地

　　這個方法取決於財務報表。財務報表是落後指標，股價大多都會先行反應。但如果使用趨勢分析的話，就可以彌補這項缺點。首先，我們必須找出銷售額和營業利益都有持續成長的股票。如果這檔股票隸屬的產業中還有其他企業，也可以用類似的方法分析該產業的其他股票。

　　雖然我們要確認的東西很多，但如果只挑幾樣出來的話，銷售額跟

營業利益成長率最好得增加。而且成長率不光只是增加，還得快速增加。

假如該產業的銷售額沒辦法立即增加，那最好要有能先聲奪人提升銷售額的條件。製造業裡成長產業的 CAPEX（Capital Expenditures，資本支出）投資增加，或是平台企業的使用者流量增加，都代表往後銷售額很可能會增加，必須密切追蹤與觀察。

Kakao 的銷售額僅在 10 年內就成長了 100 萬倍。Kakao 在原先沒有銷售額的狀態下才開始成長，但是 Kakao 是韓國民眾主要使用的通訊軟體，在各個產業裡都培養出可連結到銷售額的潛在可能性。即使 Kakao 處於沒有銷售額的狀態下，公司的價值也明顯持續在成長。Kakao 眾多的子公司在市占率上站穩腳步後，Kakao 才以 Kakao Bank、Kakao Game 等公司分別進行上市，合計起來的總市值非常驚人。

讓我們看到下一頁的 Naver 股價。2006 年、2007 年、2008 年股價大幅上漲，上漲將近 1,000%，股價在 2005 年後，只花了 3 年的時間就成長了 10 倍。讓我們來看看 2006～2008 年 Naver 發布了哪些公告。公開財務報表或發布公告的當天，股價都會先行反應，短期走勢可能會出現變化。但是，看看當時的公告，直接記載著與前一年相比、本期淨利成長 30% 以上的主因。上面簡單明瞭地寫著 2006 年、2007 年、2008 年本期淨利皆增加了 30% 以上，還解釋了為什麼利潤必然會成長的原因——「銷售額增加帶來利潤成長」，是非常有個性的公告。

●⋯⋯ Naver 2006～2008 年與前一年相比的本期淨利成長率與主因

事業年度		內容	主因
2008	第 10 期	本期淨利增加 30%以上	銷售額增加帶來利潤成長
2007	第 9 期	本期淨利增加 30%以上	銷售額增加帶來利潤成長
2006	第 8 期	本期淨利增加 30%以上	前事業年度的中國事業營業權攤銷結束，使本期淨利增加

資料來源：金融監督院電子公告系統

●⋯⋯ Naver 2006～2015 年股價走勢

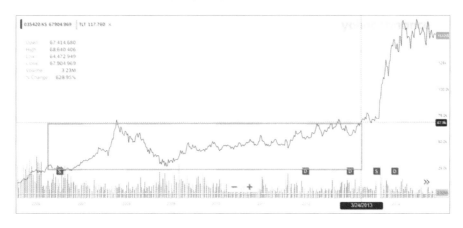

資料來源：yahoo finance

　　請看天藍色的方框。股價持續上漲至 2007 年，但是 2008 年因次貸危機爆發，股價再度回跌至原位，接下來 Naver 在 2015 年股價達到高點，耗時了 7 年。

　　這裡必須要先了解兩件事。從股價上看來，從 2005 年開始，銷售

額與利益成長的三年裡，Naver 股價大幅上漲。Naver 在 2005 年跟 2006 年都發表了銷售額與利益成長的公告，但這會先行反應在股價上嗎？還是反應在趨勢上呢？

另一點值得關注的是，當大危機來臨之際，股價暴跌的時候，如果能夠買進銷售額與營業利益依然堅守其位的產業或股票，股價後續就會大幅上漲，這時候就是大好機會。

Naver 在 2020 年新冠肺炎爆發之際，作為受惠股而廣受矚目，價值倍數大幅上漲，股價也隨之暴漲到 45 萬韓元左右。Naver 在 2006 年的平均股價大約是 2 萬 5 千韓元。公告已經告訴了我們一切，當時的股價雖然有些許上漲，但是從趨勢來看，無非就是在告訴我們，這是一個很棒的投資機會。公告也是一條很好的情報來源，我們應該要跟公告混得更熟一點。

恕我再次強調，就算我們沒有辦法收到與眾不同的情報，也沒有什麼了不起的洞見，但只要持之以恆，在金融監督院的電子公告系統上確認財務報表相關的公告，想從中找出日後會成為領導股的好股票，絕對不是問題。

「原來這類的企業會賺錢、原來這就是時代精神、原來這種股票未來有成功的可能」，我們可以在這個過程中，列出自己的清單。如果在這些股票當中發現共通點，就可以問問自己，這是否就是當下的時代精神？把這些股票彙整在一起進行思考，就算晚了一些才看出端倪，我們還是足以從中找出領導股或領導產業。

當這些股票因為某種理由而進入低檔時，我們應該要準備好買進，

假如你身邊有這樣的人，代表他是已經準備好的人，或者是他周遭有已經做好準備的人。

我認為，持續追蹤和觀察股票的財務報表是非常聰明的策略，如果可以把這件事記錄下來或是整理成表格，也會很有幫助。

如果這件事做起來太費力的話，那就好好觀察大企業從事的事業和生意。三星原本致力於記憶體半導體，如今卻開始投注心力在非記憶體半導體，那麼非記憶體半導體股就是日後會發展得宜的股票，也就是說汽車、電裝零件、電器設備、電子、電子零件日後將會發展得不錯。投資大企業投資組合裡出現成長的領域，就不會發生太大的失誤。我的意思不是叫各位投資大企業，而是要跟著大企業成長的投資組合做投資。假如自己沒有什麼先見之明，相信大企業的決策，投資生技、非記憶體半導體、二次電池、OLED 等具有產業前景或受到大企業實質執行力支持的產業，也是不錯的選擇。

選股的標準

那麼，在銷售額與利益增加，產業也已經選好的狀態下，買進什麼樣的股票才是最合理的選擇呢？雖然這題沒有正確解答，但我想試著跟各位提幾個要點。

第一點，好好觀察這檔股票跟市場之間的溝通與協調。如果有一間很賺錢的公司，但這家公司沒有在做企業 IR（投資人關係，Investor Relations），分析報告也很難找到。這種公司就算賺錢，很可能從中拿

到好處的只有大股東，對一般投資人而言並不好。

第二點，避開常態進行有償增資的公司。有償增資是一種習慣。代表這家公司的事業結構可能屬於景氣循環股，或是槓桿放大縮小的幅度較大，所以天生就必須進行有償增資。建議各位盡量搜尋這 10 年內的公告，看看是否有與有償增資相關的明細。

第三點，最好選擇經常表現超出預估銷售額與營業利益的公司。反過來說，我們也應該仔細觀察，一家公司有幾次在年底時未能達到汝矣島或分析報告所提出的預估銷售額或營業利益。總而言之，有些公司會過度誇大，千萬別選擇無法信守承諾的公司。

第四點，最好選擇營業利益率穩定的公司。營業利益率過高的話，很容易出現競爭對手，與其選擇高利益率的公司，投資連續幾年利益率保持良好的公司，更有助於找到領導股。

透過財務報表選股

請看到下一頁「銷售額」的表格，以下是 A 公司與 B 公司的財務報表，兩者屬於相同產業。我們可以看到，2017 到 2020 年，A 公司的銷售額從 4,435 億韓元成長到 5,158 億韓元，增加了 700 億左右，也就是 3 年內成長了大約 15%。但是 B 企業卻從 3,388 億韓元增加至 6,222 億韓元，增加了幾乎 2 倍。

哪一家公司的股價漲得比較多呢？剛開始 2017 年的時候，A 公司的銷售額是 4,435 億，比 B 公司的 3,388 億高出了 1 千億。但是 2020 年

的時候銷售額出現翻盤，A 公司是 5,158 億，B 公司則是 6,222 億，超出 A 公司 1 千億。至於營業利益方面，A 公司在 2017 年是 320 億韓元，B 公司則只有 200 億韓元不到，由於 A 公司的營業利益較好，股價當然也是 A 公司較高。

●⋯⋯ **銷售額**

公司	主要財報資訊	年度（IFRS 準則，單位：億韓元）				
		2017 年 12 月	2018 年 12 月	2019 年 12 月	2020 年 12 月	2021 年 12 月
A	銷售額	4,435	4,835	4,813	5,158	5,982
	營業利益	320	380	411	477	531
	營業利益（公開基準）	320	380	411	477	531
B	銷售額	3,388	4,245	4,645	6,222	7,409
	營業利益	197	236	335	411	439
	營業利益（公開基準）	197	236	335	411	439

※把重點放在營業利益有成長的公司，選擇一家萬年落後第 1 名，卻突然躍升第 1 名的公司會更好。

但是，2020 年以後，B 公司的營業利益是 411 億，A 公司是 477 億，兩者相差不遠。從成長率方面來說，B 公司上漲得更快。哪一家公司的股價會先大幅上漲呢？在這段期間，A 公司和 B 公司的股價報酬率差了足足有三倍。所以說，股票並不只是「誰的 PER 更好、誰賺得更多、誰的市占率更高」而已，A 公司的市場被 B 公司搶走，成為了股價

最重要的變數。後來居上的公司，股價會漲得更快，所以我們必須把重點擺在成長率，這也是為什麼不能只單純用 PER 跟 PBR 來投資股票的原因。

投資股票的過程中，總會有讓人心動的股票。有時候我們會產生信念（conviction），甚至到了一種就算國家被人搶走，這檔股票也不能被搶走的程度。但是這種信念並不是來自某處得到的珍貴情報，而是來自每個人都看得到、感覺得到的數據。有些投資人會急切地想獲得投資情報，建議各位用簡單的方法下手，先觀察財務報表，找出哪個產業正在成長，再去思考和調查一下，在這個產業中，哪一家企業成長得最多，如此一來，你將能看見未來有哪些股票會成為領導股。

CHAPTER

3

—

交易的雙叉路

如何買賣？

　　找到領導產業與領導股，也已經列好清單了，現在就只差買進了。有一件事情，各位一定要分清楚，發現一檔好股票，跟投資股票賺取高額獲利，是完全不同的兩碼子事。就算是同樣一塊牛肉，所有廚師就都能做出同樣的料理嗎？所以，就算是同一檔股票，也必須考慮要用什麼方法投資。

　　好公司跟好股票完全不一樣。適合長期投資的股票，與會讓短期投資人為之心動的股票，兩者必然不同。前述我所說的方法是一種趨勢交易策略，選股和選產業的方式建立在基礎分析之上。但是，這些股票就算是近 1～2 年，變動的幅度也相當大，最好要買在好的價格再長期持有。然而，即便我們知道這些道理，實際執行卻相當困難。

進入買賣的最後階段之前，我有一件必須告訴各位的事。這本書的目標不在於教各位如何透過操盤把獲利最大化，而是想要讓大家知道如何使用合適的方法，交易我們先前提過的好產業與好股票。雖然方法有很多種，但在這裡我想講我個人偏好的兩種方法。

　　簡單來說就是：當別人先發現好股票的時候，就用稍微貴一點的價格一起上車；當別人都不知道，只有我自己發現的時候，就便宜買進、慢慢等待，這兩種方法。不管再好的股票、再偉大的企業，只要買在高點都是徒勞無功。在韓國證券市場的環境，我們很難長期持有股票數年或數十年。雖然證券市場裡可能有這樣的股票，但因為韓國社會很不穩定，所得和財務狀態的變動性必然很大，所以股市資金進出的情況肯定比其他國家來得更頻繁。

　　所以，假如我們已經選好產業和股票了，想要把利益最大化，就必須運用良好的交易策略。當領導股正式開始擁抱行情，或是有可能成為領導股的股票交易價格非常便宜的時候，如果不想要大虧特虧，就必須在獲利可期的位置完成交易。

　　股票大漲固然重要，但是穩定大幅上漲也很重要，所以我們打從一開始，就應該選擇一檔可以放心投資的標的，這就是核心所在，因為人類和股票都不能被改變。但是，要如何做到這一點呢？

　　我來舉一個例子。我們要好好觀察銷售額與營業利益成長率的趨勢，檢討每年或每一季的資料，從中選擇股票。假設我看完了財務報表，認為特定產業旗下的企業營業利益將會持續好轉。如果這當中以 A 股票的成長率表現最好，而且財務狀態穩定，在該行業裡排名第一的

話，這檔股票就非常有可能成為領導股。我就會持續觀察這檔股票。

現在的重點在於，我得決定要在什麼時候買進。假設宏觀經濟已經發出了可以買進的信號，但是股票卻依然起起伏伏。這是因為就算景氣不錯，除了景氣以外，股價還是會受到其他各種複雜的因素所影響，有時候是因為基金贖回或是基金經理更替，使基金在與股票好壞無關的狀態下突然賣出股票。

所以，因機構或外資買進或賣出，盲目跟著供需跑，可以說是一種愚蠢的行為。當有事件爆發，股票可能走跌，或是即使季度業績表現良好，但公司費用突然增加，對事業稍稍造成影響，使股票表現不如預期，機構投資人就會把股票全數拋售。

在這種時候，我們反而應該進場。股價走跌時，最該買的股票就是領導股，我們對股票至少要有這點程度的信任。基金經理人的選擇總是對的，或是外資決定進場或出場，這些都不會成為股價長期漲跌的直接因素。反過來說，如果我們手上的股票不是領導股，那就在股價上漲的時候賣出就行了。

股票永遠都在變動，每當這種時候，人們就會出於本能想解決這種焦慮不安的心情，也就會想去依賴什麼；或是透過配比的增減，消除自己的不安感，然後再拿著落後的圖表或輔助指標；亦或是用機構外資的交易動向，來合理化自己的所作所為。

人們的不安感還不僅止於股價走跌的時候。當沒持有的股票上漲，或是股價指數在自己已經把投資配比調降的時候突然上漲，這種時候才更可怕、更痛苦。眼睛乾可以忍，但眼紅可是不能忍的！

股價指數走跌的時候，我們應該要知道「這是一個絕佳的大好機會」；股價上漲的時候，如果我們可以意識到「現在不是時機，以後還有機會」耐心地等待，這樣會更好。如果想做到這點，就必須要有領先指標和基準點來帶給我們安全感。

　　以統計上來說，最合理的指標就是「未來業績」。統計指出，業績跟股價有 80%以上的機率是一致的，當股價指數走跌或景氣進入蕭條期時，就算是再好的股票，股價也一定會下跌。

　　如果你對於市場、產業、業績懷抱著信念，那就應該在趨勢走揚、股價走跌的時候，在低檔買進股票。至於執行的方法，我會在後面講解交易方法時加以說明。

CHAPTER

4

——

MVP 投資法

感受到上漲動能時，就投資吧！

　　MVP 投資法取自於動能、價值、價格（Momentum Value Price）的字首，指的是在價格（P）與價值（V）出現背離的時候，當股票出現能夠動搖股價的動能（M）時，利用動能來投資的方法。

　　什麼時候可以說「股價很便宜」呢？當股價還能再繼續上漲的時候，就可以稱得上是便宜。但我們是基於什麼標準，形容那些在低檔維持了十幾二十年的股票很便宜呢！PER 1 倍、PBR 0.1 倍的股票，無法達到市場平均的 PER 10 倍和 PBR 0.9 倍，但是當一家公司出現資產重新評估或進軍新事業等事業拓展動能時，價值倍數往往就會上漲。

　　所以，股票必須要有可以更進一步上漲的價值，而且市場上交易的價格還必須低於這份價值。最重要的是，當股票有足夠的動能帶動股價

時，不管是短時間內成形的股票圖表，還是出現相反的走勢，我們都要把握住核心加以行動。

設置完成，只待射擊

截至目前，我們已經了解宏觀經濟，也選擇了好的產業與股票，我們把這個過程稱為設置（setting），也就是前置作業。現在我們已經準備好了，就只剩下射擊，也就是只剩下「交易」的這段過程了。

目前的重點是要在哪一個價格買進股票。我們雖然可以運用技術交易，但我不想以每天都可以交易股票的專業投資人或全職投資人的觀點作為出發點，而是把標準建立在每天都很忙碌、把投資當成副業（second job）的投資人或上班族之上，來談論這件事。

前面已經提過，「大量交易有益無害」的想法，從數學機率上來說是錯誤的，只不過是一種心理逃避罷了。

請看第 206 頁的表格，這是我自己製作並收藏的資料。上面有 PER（H）（High，高點）與 PER（L）（Low，低點），我記錄了這些公司 5 年來 PER 的高點與低點。

PER、PBR、PSR 屬於相對估值法。如果把它們看成是標靶，它們屬於移動式標靶，射擊固定標靶跟移動式標靶的感覺非常不同。所以，在實戰中使用相對估值法的時候，如果太過執著在數字本身，或是只用過去的統計數字來判斷股價的話，必然會產生錯誤。

所以，我們要把相對估值跟同產業的其他股票做比較，或是跟全球

的同行（peer）做比較，然後再跟整體市場做比較。舉例來說，如果有某個產業的 PER 是 20 倍，我們就要拿它跟 KOSPI 整體的 PER 10 倍做比較，判斷這個產業究竟是否具備這樣的價值；這時候，該產業底下的股票 PER 都會偏高或偏低，通常也要去比較是什麼原因造成這種現象。

但是當某個產業成為領導產業或是衰退的時候，價值倍數的調整都會相對快速，所以我們也可以從歷史資料上查看 PER 的價差。就好比過去以 KOSPI 的標準價值倍數是 10 倍，但隨著時間推進，會增加至 12 倍、14 倍，這種產業或是股票將會成為很好的投資標的。

下頁的表格記錄了 2022 年的 PER（22）和 PSR（22）是多少，也記錄了 PER（H）與 PER（L）。從這個過程中可以看到，2020 年新冠肺炎大爆發，2021 年因流動性所引發的過熱也相對較短期，也就是說，PER 的高點和低點在 3 年內全出現了，那麼，這個時間點就會成為非常重要的比較之處。

舉例來說，假如我們預估市場未來會進入景氣衰退期，就可以把與近期景氣走勢最相似的 2018 年緊縮期；或是把 2020 年新冠大流行導致股價崩跌時期的 PER 和 PSR 當成標準。反正，銷售利益預估值是我們無法準確掌控的變數，但我們可以透過產業和公告資料了解這項變數的情況，在使用的時候，只要在某個程度上打個折或是計算出平均值就可以了。

●······ 各家公司 5 年來的 PER、PSR 高點和低點

股票名稱	PER(H)	PER(L)	PER(22)	PER P(H)	PER P(L)	現價	PER gap	總市值	銷售額	PSR(22F)	PSR(H)	PSR(L)	PSR P(H)	PSR P(L)	PSR gap
NHN KCP	56.49	35.47	13.88	50,065	31,436	12,300	155.58%	4,940	8,614	0.57	2.19	1.37	46,971	29,384	138.89%
DOUZONE	68.25	42.48	20.30	111,285	69,265	33,100	109.26%	10,057	3,278	3.07	11.34	7.06	122,357	76,176	130.14%
Seojin System	24.85	15.35	6.64	50,695	31,315	13,550	131.11%	5,092	10,764	0.47	1.58	0.98	45,253	28,068	107.15%
魁匠團	49.54	35.47	17.30	697,110	499,122	243,500	104.98%	119,490	22,209	5.38	13.4	9.59	606,460	434,026	78.24%
InnoWireless	28.22	16.04	11.45	69,597	39,558	28,250	40.03%	1,903	1,238	1.54	4.72	2.68	86,746	49,254	74.35%
Incross	23.47	16.5	10.73	34,228	24,063	15,650	53.76%	2,010	575	3.50	8.55	6.02	38,279	26,952	72.22%
Myoung Shin Industrial	56.02	28.99	14.00	80,848	41,839	20,200	107.12%	10,599	13,384	0.79	2.29	1.19	58,411	30,353	50.26%
CS Wind	57.99	35.62	40.47	93,709	57,560	65,400	-11.99%	27,580	16,367	1.69	3.19	1.96	123,806	76,069	16.31%
LB Semicon	21.4	15.61	7.83	24,307	17,731	8,890	99.44%	3,892	5,782	0.67	1.4	1.02	18,486	13,469	51.50%
D&C Media	43.08	27.68	20.59	41,641	26,755	19,900	34.45%	2,443	734	3.33	9.59	6.16	57,305	36,809	84.97%
Zinus	33.65	21.26	8.66	175,652	110,977	45,200	145.52%	7,789	13,313	0.59	1.49	0.94	115,108	72,618	60.66%
COOCON	110.59	61.57	19.46	171,896	95,701	30,250	216.37%	3,053	721	4.24	12.64	7.04	90,265	50,274	66.20%
DB HiTek	10.93	6.98	3.44	137,533	87,830	43,300	102.84%	19,317	16,832	1.15	2.78	1.78	104,888	67,159	55.10%
LG 化學	21.93	13.12	14.99	906,769	542,490	620,000	-12.50%	437,673	499,815	0.88	1.88	1.12	1,331,096	792,993	29.90%
CJ ENM	21.42	15.22	10.18	198,112	140,768	94,200	49.44%	20,657	42,344	0.49	1.1	0.78	212,404	150,614	59.89%
Kyochon F&B	18.29	13.31	8.70	23,660	17,218	11,250	53.05%	2,811	5,580	0.50	1.08	0.78	24,121	17,421	54.85%
Echo Marketing	36.38	19.19	11.00	51,612	27,224	15,600	74.52%	5,038	3,329	1.51	4.35	2.29	44,839	23,605	51.31%
Kidari Studio	164.54	82.62	38.26	38,659	19,412	8,990	115.93%	3,289	1,989	1.65	4.9	2.46	26,643	13,376	48.78%
三星 SDI	49.16	36.22	24.96	1,155,937	851,669	587,000	45.09%	408,396	185,793	2.20	4.03	2.97	1,076,192	793,124	35.11%
有進科技	20.79	12.64	7.10	78,914	47,979	26,950	78.03%	6,176	4,202	1.47	3.78	2.3	69,312	42,174	56.49%
Insun ENT	27.47	18.87	13.46	19,037	13,077	9,330	40.16%	4,344	2,790	1.56	2.78	1.91	16,657	11,444	22.66%
Dio	29.98	17.45	10.80	66,070	38,456	23,800	61.58%	3,780	1,810	2.09	5.31	3.09	60,500	35,206	47.93%
Kakao	54.12	25.19	59.23	68,352	31,814	74,800	-57.47%	332,972	77,041	4.32	11.94	5.56	206,643	96,226	28.64%
Duk San Hi Metal	14.65	8.13	8.46	11,918	6,614	6,880	-3.87%	3,126	1,647	1.90	4.7	2.61	17,031	9,458	37.47%
Techwing	30.98	20.1	6.07	37,459	24,304	7,340	231.11%	2,742	3,131	0.88	2.11	1.37	17,685	11,482	56.44%
Wonik IPS	19.72	11.84	8.49	63,883	38,356	27,500	39.48%	13,498	13,530	1.00	2.28	1.37	62,849	37,764	37.33%
SFA 半導體	30.4	17.13	10.54	14,482	8,160	5,020	62.56%	8,256	8,023	1.03	2.5	1.41	12,196	6,879	37.02%
SK 租車	35.83	21.47	6.77	43,483	26,056	8,220	216.98%	3,887	12,675	0.31	0.68	0.41	18,227	10,990	33.70%
LOT Vacuum	17.22	11.15	6.74	29,006	18,782	11,350	65.48%	2,021	3,406	0.59	1.27	0.82	24,284	15,679	38.14%
Hugel	57.73	28.11	22.43	311,447	151,650	121,000	25.33%	14,986	2,822	5.31	13.39	6.52	305,088	148,557	22.77%

資料來源：有進投資證券

※銷售額與營業利益是趨勢，價格在變動的過程中就會出現良好的投資機會。

　　舉例來說，當專家們預估 A 公司的營業利益平均值落在 200 億韓元，即便我們直接減個 10% 來用，結果也會差不多。按照這個數值，假如 PER 會回跌至 2018 年的 10 倍，我們就可以把總市值的目標價抓在 1,800 億韓元左右，在這個價格帶附近買進就行了。

●⋯⋯以 PER、PBR 為基準設定股價範圍

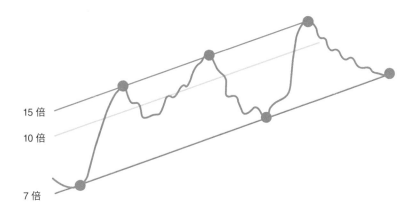

也許大家看我的文章會覺得過於籠統，但是這麼做的話，不僅心態比較放鬆，而且還更能賺到錢。分析 2,000 檔個股，肯定能在一個季度裡找出這類型的股票和產業，至於能不能以好價格進場，就是要花時間下去觀察的事了。

如果 PER 區間的範圍畫出來是 15 倍、10 倍、7 倍，股價就會在 15 倍高點與 7 倍之間徘徊。即便每個年度的營業利益或市場流動性發生變化，我們會發現這間公司的 PER 最低也不會低於 7 倍。

換句話說，營業利益雖然會改變，但是如果把股票的價值倍數，以市場最壞的情況和最高的估值作為基準，就可以找到非常有意義的基準點。總市值在變、股價在變、利潤在變，如果可以在價值倍數上找到一定程度的標準，至少就有一個根據。利潤是 100 億韓元，總市值的 7 倍是 700 億韓元，但假如此時利潤來到 150 億韓元，7 倍就是「700 億＋

350 億＝1,050 億韓元」。1,050 億韓元和 700 億韓元的時候，就是交易股票時的最低點，我們只要用相同的價值倍數來抓低點在哪就行了。

千萬不可以認為「這檔股票過去總市值最低點大概在 700 億韓元，所以股價應該還會回跌到 700 億」。此時的 1,050 億韓元就等同於是幾年前的 700 億韓元了，因為公司的利潤已經成長了。

為了只投資營業利益與銷售額有持續成長的企業，我們已經設定好，只投資隨著時間推進，波段會愈來愈往上發展的股票。從歷史上看來，PER 區間的成形取決於韓國市場上人們交易的過程中所形成的交易均價與常態分布，只要觀察這個部分，將會對投資帶來很大的幫助。

在這個過程中，假設 PER 8 倍是低點，而我們發現股價在 15 倍時觸碰到高點開始回跌，那麼，針對這檔股票，我們剩下的任務就是觀察經濟與產業狀態，好好估算利潤，保守調整數值，等到市場發生變動，出現好價格的時候，也就是 V 跟 P 的距離拉開時再買進就好。這麼做起碼可以避免股價進一步走跌，讓自己陷入痛苦之中。

但是股價上漲並不一定就有保障，所以我們必須先透過動能，把握接下來會發生的情況，才能夠完成 MVP 交易法。如果聽信情報買進沒有價值的股票，或是即使有價值，但股價早已處在高點附近的話，就會是一場非常危險的交易。觀察股票市場，你會發現市場的走勢不斷在循環，總市值也會隨著時間放大或縮小。

按照前面這個例子，我們應該在什麼時候買進呢？在最安全的 PER 7 倍時買進，在最危險的 15 倍時賣出。當 PER 15 倍的時候，不管出現再好的新聞，不論未來多有希望，不管宏觀經濟表現再怎麼好，在 15

倍的結點把股票賣出，就是 MVP 投資法。依照 PER 與 PBR 的歷史軌跡交易，等有長期趨勢性成長的公司因宏觀經濟的事件或不景氣陷入困境的時候，提高股票配比，大舉買進股票，然後就安心入睡，等待時間過去，迎接股票大漲。如此一來，心態上不但不會感到不舒服，也可以安穩做投資。

使用 MVP 投資法的注意事項

首先，MVP 裡面的價值（value），其實是一個抽象的名詞，肉眼並不可見。這張紙的價值是多少？旁邊的筆價值是多少？沒有筆就不能寫字，紙就沒必要存在，那麼，紙跟筆哪一個比較有價值呢？

價值的判斷會因人而異、因時代而異，非常模稜兩可。所以我們要找的答案不是「有沒有價值」而是「預估價值是多少」。證券市場的交易系統，就是可以幫助我們找出價值的系統。所以，使用這項分析方式的時候，投資人必須要經過相當長期的觀察，數據累積的時間愈長，失誤就會愈少。

這個方法的缺點是，在流動性大增的市場行情上，由於價值倍數會大幅上漲，可能會使我們提早賣出股票，或是為了等待過低的低點，反而錯失了大行情。我們必須要考慮每十年可能就會出現一次這樣的情況。

我認為散戶完全沒有理由要像專家一樣，投入短期報酬率的競爭之中，也沒有必要花太多心思在專家手中持有的各種利多之上。

大家應該都知道大衛與歌利亞的故事吧？大衛戰勝歌利亞的時候，使用的工具就只是石頭而已。好的盔甲、刀劍、防禦，對於身材短小的大衛而言卻是絆腳石。至於為什麼他不是用棍棒而是石頭呢？這是我個人的推測，身為牧童的大衛，必須經常面對狼、豺狼、熊等諸如此類的禽獸，這時候最適合利用的工具，就是投擲地上的石頭。等到進入稍微和平一點的時期，大衛是不是會為了提升投擲的能力，豎起木頭練習投擲呢？大衛當時面對著身家富裕且身材條件更優秀的腓力士將軍時，不也只是拿出自己平常練習時的樣子嗎？

　　我們也必須找到適合自己的工具。我提出的 MVP 投資法，也許對某些投資人而言沒有太大幫助，也可能不適合他的個性。但是，我相信這個方法對於每天在職場打滾，被時間追著跑，沒辦法每天分析股票進行交易的人而言，肯定會有幫助。

　　投資都是為了變得更幸福，千萬不要本末倒置，讓股票占據人生。千望別忘了，為了股票浪費寶貴的人生，很可能讓我們變得更淒慘。投資股票跟去健身房運動一樣，學得再多都不代表報酬率就會增加，因為認真不代表很會投資股票。

　　我們只要觀察宏觀經濟、設定好領導股和產業，再結合區間交易，利用 MVP 交易法完成這一切就行了。分析與買賣都是與交易有關的一環，但是我們必須先選好股票，在充滿可能性又穩定的產業和股票裡玩耍，而且玩的水必須要與眾不同，然後在這個框架下交易，進行長期投資。

　　人們每天都在傾巢而出的情報中尋找著新鮮的消息，卻對時代的改

變、趨勢的改變漠不關心。從我的經驗上看來，能夠幫助我們提高投資報酬率與生活品質的不是前者，而是後者。

利用本益比區間帶做交易

快攻交易

　　現在，我們來聊聊交易，到底「技術交易該怎麼做？」假設我們已經根據前面的 MVP 投資法選好股票了，現在就是要進到股票交易的環節了。各位應該很好奇，倘若現在就是交易的時機，我們應該要在哪個位置以什麼樣的方法做交易。

　　這裡要講的是我自己主要在使用的交易方法。大致上來說，我認為交易就只分成兩類，上漲的時候快點跟上，或是在所有人都漠不關心的時候，默默開始收購。前者稱為快攻（pounding），後者則被稱為 scale trading（在此稱為加倉）。這兩個方法的優缺點很明確，投資人只要選擇適合自己投資風格和個性的方法就行了。

　　首先，我們先來談談快攻應該在什麼時候、哪種情況下使用。快攻

很簡單，只要了解它的原理，就可以對投資帶來偌大的助益。我們只要從經常被使用的日 K 線圖上，用直觀的方法就能夠找到快攻的位置。

快攻的意思是「快進快出」，是一種在股價上漲時，跟著大趨勢進場吃一波的策略，使用快攻的人打從一開始就不會下定決心選好某檔股票，大致上都在交易股價突破新高點的股票。趨勢上漲的股票很容易分出勝負，可以快速跟著進場吃一波。這個方法對於短期交易比較有利，從結果上看來，這個方法的目的不是報酬率，而是要從中獲得收益，相較於報酬率，快攻的焦點更專注在獲利的金額之上，這是一個在牛市裡非常有用的交易方式。

那麼，在突破新高點的股票之中，又應該以哪些股票為標的比較好呢？

請看下一頁的圖表。我們可以看到最下面還有一個正在波動的圖表，它是 RSI（Relative Strength Index，相對強弱指數）。RSI 會標示出股價目前所處的相對位置，把它視為是一個讓我們判斷市場對於這檔股票是否感興趣的標準，應該就不難理解了。

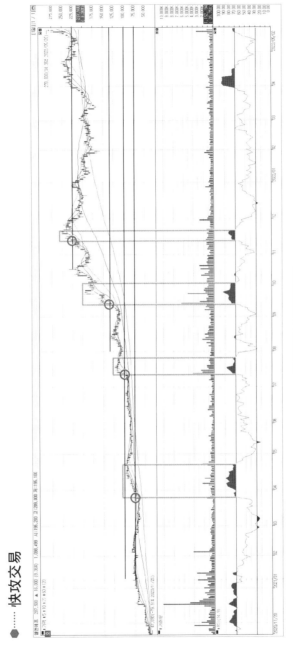

●‥‥‥‥ 快攻交易

資料來源：有連投資證券

日 K 線旁的直線，就是股價突破前高點的區間，標記的就是股價創下新高點的區間。當這個區間的 RSI 高達 70 以上的時候，圖表上就會以橘色的方框作為標示。從直線跟橘色方框相交的位置，我們可以看到股價強而有力地向上噴發。書上都會寫，只要 RSI 超過 70 以上就是過熱的信號，但是實際上交易時，RSI 處於 70 以上的時候，非常適合短打。如果是持有時間稍微比較長的情況，當股價突破前高點的時候跟 RSI 上漲到 70 以上的區間相互重疊，此時就會是非常好的交易機會。

　　我想一定會有這樣的人吧！

　　「我要利用技術交易在準確的時間點上找到交易的時機點。先鎖定好股票，宏觀經濟條件成立，所有的一切都很好，但是我的個性沒辦法長期持有股票。所以我想要先觀察，然後盡快吃一波就出場。」

　　如果想這麼做，就得快速提高投資配比，然後再快速脫身，這種時候就可以使用快攻投資法。但條件是，RSI 要像這樣在短期內進入過熱區間。當人們認為「這檔股票很好，我明天跟後天都要繼續買進」，等到新聞一出現，股價就會開始上漲。所以我們只要跟著大家一起進場，然後比大家早一些退場就行了。只要 RSI 跟突破前高點的狀況相互重疊，這就會是一個勝率非常高的方法。

　　股價在 RSI 上漲的時候出現跳空。核心在於，倘若在股價突破前高點的直線和 RSI 達到 70 的交叉點，也就是在深橘色圓圈附近的位置買進，一般都會獲得不錯的收益。這種方式成功的重點取決於「我們能夠從中成功拿下多少的獲利」。

加倉交易

另一個方法是 scale trading，在這裡稱為加倉。這個方法適合想要投資長期趨勢的人，優點是可以便宜買進股票，但如果選股選錯的話，就必須要長時間等待，或者股價如果持續下跌，就可能會遭受鉅額虧損。從難易度來說，加倉比快攻更難。

在仔細談論有關加倉的內容之前，我有些話想先說清楚。股票和產業會不會走揚，並無法單看圖表來決定。選股的階段就已經會決定好股票是不是會走揚，這是核心所在，圖表的意義只是用來交易股票而已。

就像是我們要先決定好今天要煮豬肉還是牛肉，接著再選擇你要煮哪一道料理一樣，選擇和鎖定股票要付出的時間與努力，都比交易還要來得更多。如果沒有先做好這個環節，我們現在談論的這兩種交易方法，都會淪為半吊子。我希望大家一定要記得，我們現在要開始談論的加倉，是比上面談及的快攻來得更加危險的投資方法。

以加倉來說，投資人需要的資金和投資環境都與快攻不同。有些人沒有什麼地方可以賺大錢，選擇一點一滴把薪資積攢下來，想要在低價時買一檔日後會大漲的股票，假如是這樣，我們對於股票和產業就必須充滿信心。如果你不確定這檔股票會漲還是不會漲、不確定這個產業會發展還是不會發展，就不可以加倉，因為有時候會走進死胡同。

以此作為前提，那什麼時機點才可以加倉呢？請看到下頁圖表的股價走勢。股價走跌的時候，RSI 圖表沒有上漲。這個區間是市場對於這檔股票毫不感興趣的期間。股價雖然很便宜，但我們可以看到當 RSI 進

◆⋯⋯⋯ 加倉交易

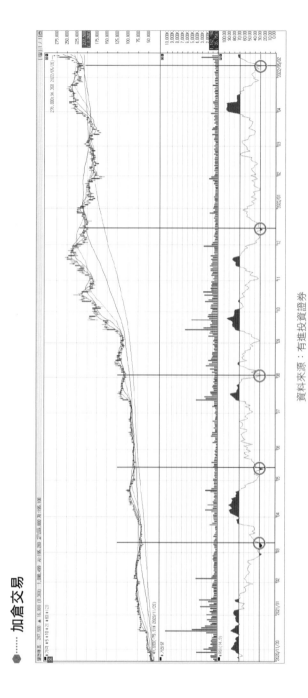

資料來源：有進投資證券

218

入衰退期，開始走到 RSI 30 的階段時，股價進一步走跌了。但是，讓我們再看到被標記在黑線內的 RSI，雖然一樣處於 RSI 30 階段，但是它是轉跌為升的 30，這時候就是加倉的時機點。

換言之，不要在 RSI 低於 30 的時候進場，要等到 RSI 向上突破開始上漲的區間再加倉。再換句話說，當賣方已經全數賣出，已經沒有股票可以再賣的時候，RSI 就會停在 30 以下，經過一段時間之後，等到買方勢力開始贏過賣方時，就會形成黑色直線所標記的位置。

仔細觀察 RSI 脫離 30 的區間，黑色直線的位置通常就是股價的低點。加倉交易的核心就在於，等到賣方疲弱的時候再加倉，而不是看到股價好像蠻便宜就買進，或是單看均線來交易，而是要在供需面上，等賣方明顯放棄掙扎的區間加倉。

如果你每次都在 RSI 脫離 30 的時候買進，至少全部都會買在低點附近。假設有一個情況是，你必須等很久，不知道股價什麼時候會上漲，而且也沒有信心一定會漲，但是股價卻跌了 20～30%。你能夠從股票圖表上獲得信心，相信「這檔股票一定會漲，我一定要買」嗎？這張圖表有顯示出企業的業績表現嗎？還是有顯示出它的價值或動能嗎？

只有在非常確信的時候，才可以使用這個方法。如果沒有這種堅信不移，或者是初學者，使用快攻會更加合適，就等到其他人都說好，大家都一起買的時候再跟著買就好。

從我的經驗上來說，加倉雖然具有危險性，但也有無法被捨棄的優點，這個優點就是配比和報酬率。對於資金相對較少的投資人，或是資金無法一次到位，得經過長時間分配的情況，利用在多檔股票加倉的投

資方式，就可以在低點收購數檔好股票。由於股價都買在低點，報酬率當然比快攻更高，如果用同一份圖表來比較的話，經過 1～2 年的時間，快攻和加倉的報酬率可能會差到 5 倍以上。

　　鎖定好股票和好產業，與股票圖表毫無關係。我們要做的是，觀察財務報表，掌握情況，鎖定好的產業和股票，想要交易的時候再去觀察股票圖表或利用輔助指標。我認為對散戶來說，熟悉這兩種方法就夠了，就像是泡泡麵一樣簡單。

市場上存在著四季，
投資的世界也有春夏秋冬的輪替。

PART
4

投資的過程不是填滿，
而是淨空

TIMING TO BUY, SELL, MAKE A FORTUNE

選擇學習，不要選擇絕望

最後，還有一件事想囑咐各位投資人，其實這件事才是最重要的。**投資股票和學習股票這檔事，其實不是一個不斷向內填滿的過程，而是一個淨空的過程。它是一個持續把不必要的東西摒棄的過程，而不是一個過度去接受和填補的過程。**

我們需要的是擁有 90％、100％高機率的時機與高機率會發生的投資情報，但我們並不需要好幾個只有 10％、20％機率的資訊。就算把這些低機率的資訊都組合在一起，勝率也不會變高，反而還會下跌，因為它們會彼此相乘，而不是彼此相加。

50％正確的情報加上 20％正確的情報，不是 0.2 加上 0.5 等於 0.7。股票投資是用相乘的，0.2 乘以 0.5 是 0.1。這兩者相結合之後，勝率反而變低了。股票的情報也是一樣，A 情報加上 B 情報並不會提高勝率，反而會變低。所以說，還不如選擇兩者之中有 50％勝率的情報會更好。

舉例來說，假設你聽到一則情報指出，有家公司業績不錯，外資也在買進，但是均線卻在走跌。這種時候你不應該結合這三項條件來做出結論，而是應該判斷這三則消息裡面哪一則消息最可靠，這樣子的勝率會更高。

假設機率是 0.9 好了，你認為「只要把握好這次機會就應該可以拿

下，只要把眼光放遠，做長期投資就行了」。但此時你卻又看到一個機率只有 50%（0.5）的股票圖表（圖表的機率可能連 50% 都不到，因為此處還加上了心理狀態，而且基準模糊不清）。

0.9 加上 0.5 是 1.4，你會為此感到安心。明明機率這種東西就不會超過 1，但是你卻得出了 1.4 的結論，在這種浮誇的安心下做投資。然而實際上，當這兩則消息結合起來的時候，成功的機率跟表面上看到的不一樣，會下滑到只有 0.45。

所以你只能二選一，一是只看股票圖，二是長期被套牢。如果同時緊握著兩個消息，勝率反而就會下跌，然後你就會說：「我聽說這檔股票很好，我看著圖表買進股票，但它為什麼不漲？」然而，你卻沒有思考，這檔股票好是好在哪裡？你是看到圖表的哪個部分才認為股價會上漲？

除此之外，我們必須擺脫「情報」這種東西。更好的做法是，把有如寶藏一般的金融監督院電子公告系統、企業公開研討會、公司願景、年初公開的銷售目標都記錄下來。

舉個例子好了。假設我投資的某家公司，目標是在今年第 4 季的時候達到 400 億韓元的獲利，但是它第 1 季的獲利卻只有 50 億韓元，估算下來到第 4 季的時候獲利也只有 200 億而已。如此一來，投資人就會認為：「天啊，快賣掉吧，這是一家不遵守約定的企業！」然後就把股票賣掉了。

但假如這家公司第 2 季獲利 100 億、第 3 季獲利 150 億，在最後一季的時候獲利 100 億，總共以 400 億的盈利收場了。那麼，對於那些不

了解企業四季循環的人來說，PBR 真的有用嗎？

　　第 1 季是淡季，當企業公開業績之後，下一季就會有 150 億元的盈餘，股價要從這個時間點才會開始有反應，光看表面上獲利不佳，就犯下了把股票賣出的失誤。看圖表交易的人，倘若發生股價跌破均線情況，也很有可能會性急地把股票低價拋售。

　　在這種情況下，接手這些股票的投資人，等到 2～3 季進入旺季的時候，就能夠享受到股價大幅上漲的榮景，但反過頭來，當初把股票賣掉的人，也許就只能夠自嘲「只有我把股票賣了，股票才會漲吧！」

CHAPTER

1

———

不放下手裡緊握的東西，
就擁有不了其他東西

不要強迫自己做出選擇

　　投資人不應該被強迫做出選擇。最近出現了「TINA」（There Is No Alternative）和「FOMO」（Fear Of Missing Out）等詞彙。TINA 的意思是「難以找到其他替代方案」，FOMO 則是「擔心錯過好的機會」。簡單舉例就是「只剩下美國了，我除了股票沒有其他選擇了」這種形態的表達方式。

　　因為房地產價格上漲，自己淪為「暴窮乞丐」[1]，利率上漲，貸款的負擔變重，但是薪水卻漲不過物價。在這種情況下，許多散戶為了尋求破口而開始尋找情報。

　　讓我們來思考一下，他們真正需要的建議是什麼。他們說，因為沒錢了，如果想要尋找可以讓自己額外獲利的投資工具，就應該要去學點

1　譯註：韓國流行語，形容收入沒變但因房地產價格上漲而變成乞丐的人。

什麼，那麼，不就應該拿下班的休息時間來盯著 YouTube 影片嗎？

再讓我們回想一下，YouTuber 平常都會說什麼。他們會建議，利用貸款融資來提高變動的利率，投資充滿前景的成長股。

他們雖然沒有直接明講，但他們會說這是大好機會，股價非常便宜，Fed 採取緊縮政策的新聞，其實目的不是要扼殺經濟，所以股票只要長期投資就一定會賺錢。這段話只擷取了一些數據，對於不了解的投資人而言，聽起來非常合理。

聽到這些話，初學者應該都會想著：「是不是除了我以外的人都變成有錢人了呢？」然而實質上，利率上漲的時候，應該做的是把錢存進銀行，以及還債。股票投資在高利率的狀態下不太行得通。

然而，卻有人在高利率的情況下鼓勵大家投資股票。我不曉得說出這些話的專家，實力究竟在哪個程度，但是在利率暴漲的情況下還能大舉獲利的人並不多。

所以，股民們在什麼都不懂的情況下，因為道聽途說，就開始在上下班的途中看了一些 YouTube，聽了一點什麼之後，就認為自己已經懂股票了。接著拿著大筆資金砸在股票上，最後淪為債戶。

照著上述這樣做，你就會開始過著奴隸一般的人生。從不著痕跡地自我強迫開始，最終過上了奴隸的生活。千萬不可以用這種方式投資。我們要保護自己的權利與名譽，投資的時候要以自我為中心。不投資就跟不上別人、就會不安、就沒有選擇的餘地，這種投資動機無法帶來良好的結果。

每個人都一定有第一次。我們可能在人生第一次投資股票的時候就

陷入困境，也很可能會因為虧損而感到辛苦。但愈是這種時候，我們就愈不應該絕望，而應該去學習。股票和賭博的不同之處就在於：只要努力，就能看見前方的道路，也會有足夠的勝算。

想像你手上拿著一支筆，拿著筆的這隻手，很難再拿其他東西了。也許你可以想辦法再拿上一個咖啡杯，但還是很困難。如果你想要拿起其他東西，最好還是要放下手上的筆。

投資的時候，我們也必須要放下現在手上拿著的東西。如果勝率不高、執行起來又不順利，就必須放棄這個方法。只有徹底放棄現在手上握有的東西，才能夠使用其他工具，學習其他方法。有的時候，我們會遇到一旦學會就像是刺青一樣刻骨銘心、難以捨棄的方法。但我們應該打從一開始就過濾掉這種事情，我希望各位可以用第三者的觀點來檢視自己的投資習慣，確認其中是不是有需要改進的部分。

人活著若不加以思考，思維將會被生活牽著走。我希望大家盡量去思考自己是按照什麼樣的習慣在投資的。希望各位盡快摒棄那種沒有自我原則的投資方式，不要一睜開眼就盯著股票圖表，以為看到上面亮紅燈，等股價開始上漲再買進就能賺到錢；也不要再跟著新聞跑，每天都像蜉蝣一樣在股票市場上四處徘徊。

按照個性做投資

投資一定要符合自己的個性。就像在加倉和快攻的章節時所說的一樣，有些人天生擅長快速吃一波就出場，這是一種與生俱來的能力。我

們周遭一定也有在股票上漲時，可以鼓起勇氣大筆投資，吃完一波再從中脫身，還能夠賺到大錢的人，但是這種人並不常見，因為這是一種才能；同樣的方法運用在其他人身上便無法成功。

認為長期投資、價值投資一定是對的，快速吃一波再出場的交易方式絕對是錯的，這種想法本身就是錯誤的。其實快速吃一波再出場是最好的方式，但這是一種才能，不是每個人都辦得到，所以大家就選擇了一種沒有才能也能做到的方法。

有些人是上班族，看不太懂股票行情，對於用電腦找消息也很陌生，但是他們想投資股票，卻又因不知該如何是好而感到難堪。其實，他們只要鎖定一個適合自己的投資方法，然後再用技術分析來彌補不足之處就行了。好股票、好產業、適合投資的時機，這些都跟交易方式、個性與金錢的特性無關，後續的交易才是問題所在。

依照財務狀況合理做投資

按照自己的財務狀況合理投資也很重要。如果你想舉債投資，或是兩年後必須要支出一大筆傳貰金 [2]，動用這筆錢投資之前，務必要慎重考慮。在這種情況下，千萬不能在勝率不夠高的時候進場。如果動用這筆資金，抱著想要短期進場稍微賺外快的心態開始投資，很可能會讓自己陷入困境。

我們必須把眼光放遠，在真正想投資的股票上以加倉的方式分批進場，把時間分散開來，這麼做的原因在於，我們很難跟上市場的趨勢，

---

2 譯註：韓國特有的租屋方式，傳貰金等同於大筆押金，以該方式承租的租客不需要再繳納租金，租約到期後還可領回押金。

降低失誤率的方法之一，就是按照時間分批買進，如此一來，就能夠大幅降低失誤的機率。

但是，假如你手上這筆錢就算沒了也沒關係，每天都放在股市上也沒差，就算虧掉 2,000～3,000 萬韓元也可以的話，這種時候，代表這筆錢對你而言不是一筆大錢，就可以透過方便進出場的快攻投資法，在股價創新高的股票之中，選擇正在上漲的股票上車進行交易就可以了。

好好利用專家

「不遠不近，保持適當距離」，我們身邊一定要有跟自己關係不錯的證券專家，但前提是篩選很重要。

在證券界裡，專家分成很多種，用工具箱來比喻的話，就是有很多不同的工具，裡面有用來擰開螺絲的螺絲起子、用來拔釘子的拔釘錘、用來剪東西的剪鉗或鋸子、用來拔東西的鉗子、用來釘東西的釘子或鑿子等諸如此類的工具。就好比每個工具都有各自不同的用途一樣，我們也要按照不同的盤勢，使用不同的專家，因為不同的場景下，每個專家的用途都不一樣。

有些專家在牛市時非常出神入化，很會猜，有的專家則是很擅長在熊市進行風險管理。基金經理人的目標報酬率都是二位數，只要可以長時間做出 10%、15% 的績效，就是優秀的基金經理人。不過，近期我們看的已經不是報酬率 10% 或 15%，而是相較於基準指標的百分之幾，所以說如果股價指數上漲 10% 的時候，我能夠做出 15% 的績效，那就

是優秀的基金經理人。當股價指數下跌 20%，但我只跌了 10%，當指數上漲 10% 時，我上漲 20%，同樣也都是優秀的基金經理人。但是，為我帶來 10% 虧損的基金經理人，竟然可以拿到第一名的寶座，這件事實在令人費解。我的帳戶明明在虧錢，這件事是不是搞錯了？並不是，只是我們的基準點不同。

　　YouTube 的專家中，有在牛市的時候對於高科技非常了解的人，他們可能以前是工程師，或是雖然不太懂股票，但對於科技方面特別熟悉的人。牛市來臨的時候，我們就可以接受他們的幫助。

　　反之，非常了解宏觀經濟的人，在大盤變得危險的時候，便會出面確認宏觀經濟的問題，非常擅長風險管理。除此之外，以前曾經擔任證券公司中間人的專家，就可以在交易的方面為我們帶來幫助。

　　所以，不管專家們擁有什麼能力，都不要過度迷信，而是要好好運用。希望各位不要把專家當成神，這麼說雖然很抱歉，但專家就像是靠手續費生存的長工，長工需要的是手續費，而不是神一般的稱謂或是崇拜，各位只要花點錢使喚他們就行了。

CHAPTER
2

—

為什麼下跌
比上漲更需要關注？

投資的焚風現象

　　投資的時候，是風險管理重要，還是多賺一點比較重要呢？這是很常見的爭論。以我自己的投資經驗來說，我曾經賺很多，也曾賠掉所有財產，所以我認為最重要的是做一場不會虧損的投資。

　　巴菲特的投資原則也是「第一原則，不賠本。第二與第三原則是誓死遵守第一原則」。投資股票的時候，比起多賺一點，徹底落實風險管理才是更聰明的想法，沒有人可以不學怎麼煞車就去開車。

　　請看下一頁的圖表。假如從 1930 年就開始持有 S&P 500 將近 100 年的話，報酬率是 21,833％，即本金的 218 倍。在每 10 年股價最高的 10 天，也就是每 10 年會出現一次的牛市裡，沒能獲利的情況下，報酬率是 58％，所以才會有「要大家不要把股票賣掉，要盡可能持有到最後

一刻」這樣的說法。

（單位：%）

年度	基準報酬率	排除 10 年內股價最高的 10 天	排除 10 年內股價最低的 10 天	排除 10 年內股價最高與最低的 10 天
1930	-42	-79	39	-50
1940	35	-14	136	51
1950	257	167	425	293
1960	54	14	107	54
1970	17	-20	59	8
1980	227	108	572	328
1990	316	186	526	330
2000	-24	-62	57	-21
2010	190	95	351	203
2020	46	-17	177	57
1930～現在	21,833	58	4,670,630	33,525

資料來源：S&P, BofA US Equity&Quant Strategy

　　接著我們看到下一欄，排除 10 年內股價最低的 10 天。假如你可以避開 10 年內股價最低的 10 天，總報酬率就會來到 46,700 倍。比起 100 年來持有 S&P 500 所獲得的 218 倍獲利，又高出了 214 倍。也就是說，只要排除掉 1 年內股價表現最差的那一天，報酬率就會是 46,700 倍，這

是非常驚人的收益。

但是這兩種假設都不實際。對於有在做風險管理的人來說，當他認為股價已經過高的時候，就會打算賣掉股票，這麼做就很可能錯失高點，提前賣掉股票。反之，如果是不做風險管理的人，就很有可能躲不掉跌幅最大的那一天。

那麼我們實際一點，把上下都去掉吧，把漲最多的十天拿掉，也把跌最多的十年拿掉，這樣的收益是 335 倍。就算是這麼做，還是比持有不動更好。所以說，就算這是非常極端的數據，還是可以很直觀地提供行動的原則。各位要記得，以數學機率來說，竭盡全力不虧損比起大舉獲利更有益處。這就是說，成功的投資不需要賣在最高點，而是要努力確保已經到手的獲利，並且在最壞的情況下避免進入市場。細水長流是最好的，但這是為什麼？這個說法合理嗎？

我想喚回各位小時候學過的一段化學常識。我們在地球科學課上都學過焚風（Föhn）現象。焚風現象指的是風沿著山坡往上吹，接著又再度向下吹，使風的性質變得高溫且乾燥的現象。也就是風吹過太白山脈後，濕度與溫度發生變化，導致位於相同高度的洪川和江陵出現氣溫差異的現象。

證券帳戶也是一樣。如果想多賺一點，賺的時候就必須要賺 100%，但跌的時候只要跌 50%，就會跌回自己的本金。從數學機率上，我們可以看到，這是一場非常不利於自己的鬥爭，所以正確方式應該是在賺錢的時候找個好時機賣掉。千萬不要忘記，無法做好風險管理，將會是無法成為優秀投資人的致命因素。

即便指數上漲還是賺不到錢的原因

看不出市場色彩的色盲投資人

　　市場上存在著四季，投資的世界裡也有著春夏秋冬的輪替。信用在膨脹與緊縮的過程中，本質上存在著必然的循環。

　　利率上漲和下降的過程中，市場會進入循環，反覆大漲和大跌。就好比每個季節都有盛產的水果一樣，股票市場上也有在特定區間滋味特別鮮甜的股票。但是，很多人都只想著股價指數的漲跌，只思考著指數什麼時候會觸底，什麼時候又會上漲。

　　然而，實際上就算在牛市，這些投資人也賺不了大錢，這意味著指數根本就不是問題所在。那麼問題出在哪裡呢？就在於他們沒有穿上符合這個季節的衣服；在於他們無法看清市場的色彩。他們沒有深入思考市場的色彩，只把重點擺在股價指數的漲跌。

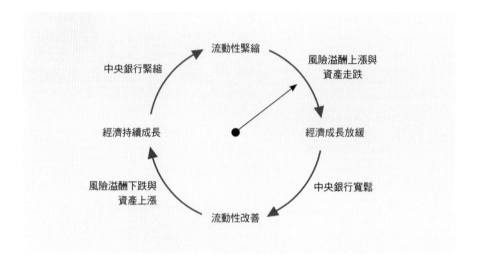

上圖是股票市場的循環，季節的輪替。如同我們前述看過的景氣循環週期表一樣，通常這種循環都是基於 Fed 調漲利率而形成，每 10 年會週期性反覆發生。在這個過程中，我們可以看到：當環境不同，主導的產業就會不一樣。雖然這件事不是 100%，不過，就好比春天是草莓的季節、秋天通常是栗子和柿子成熟的季節一樣，利率上調和下調的過程中，由於每個產業和企業所處的狀況不同，所以受惠的企業也會有所不同。

除此之外，我們還要注意觀察目前是適合大型股、中小型股、業績股，或是成長股上漲的市場；市場動態是與美國出現背離，還是跟美國同調；又或是跟中國同調，還是與中國出現背離。

舉例來說，假如現在的循環正好是半導體產業的季節，但是當身為大型股的三星電子和海力士漲不太動的時候，往往大多數的中小型股都

會出現暴漲。韓國從 2019 年開始，由於和日本發生紛爭，所以爆發了材料、零件、設備國產化相關的議題，所以相關股票的股價大幅上漲。除此之外，LG 能源解決方案上市後，與三星 SDI 的股價一起上漲到了某個水準，後來包含 SK 創新在內的 3 家大型公司，都開始準備進行設備投資，以至於市場對於相關的材料供應商的銷售額期待感大幅增加，使得陽極材料與陰極材料出現暴漲。這就是季節變化裡市場色彩發生變化的例子。

然而令人意外的是，許多投資人並不在意市場循環，也不在意市場色彩。這也是為什麼，同樣是指數落在 2,500 點左右的時候，隨著當時市場的色彩變化，投資人會感覺到指數的頻率有些不同的原因。當指數落在 3,000 點的時候，對於某些人來說，指數感覺就像是停留在 2,000 點一樣。

他們認為，只要股價指數上漲，股票就會跟著上漲，下跌的時候就會同步走跌，一切的痛苦都源自於此。股價指數漲了，為什麼我的股票沒有漲？如果你想要找到答案，最好先問問自己：「我是不是只用黑白的角度在看市場？」

隨著 Fed 調漲利率，點亮了「準備停車」的黃燈，人們為了快速闖過黃燈，用力踩下油門，結果卻因為違反交通號誌而被逮個正著。這就是 2021～2022 年的走勢，也是貪婪所種下的結果。

◆······ **股票總市值**

（單位：兆美元）

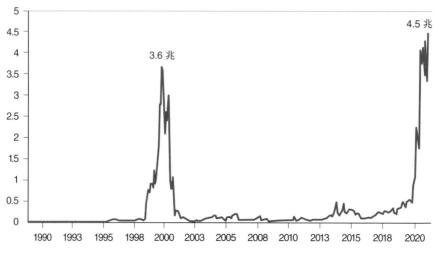

資料來源：Kailash Capital

　　在利率已經大幅上漲的情況下，有些產業和股票早已亮起紅燈。在那斯達克達到最高點，Fed 已預告要調漲利率的時候，PSR 20 倍以上的企業，也就是銷售額與總市值比率超出 20 倍的企業，漲到這種程度的情況下，這些公司賺來的錢都不足以負擔利息費用，然而它們當時的市值規模卻是 4.5 兆美元，高達韓國 GDP 的 3 倍之多。這些股票大部分都是成長股，它們已經亮起了紅燈，然而投資人卻認不清這個市場色彩。

　　第一、第二、第三車道上的車，都按照各自的方向亮起了信號燈，然而投資人卻不知道那是紅燈，加速猛力跑了出去。沒有出車禍的話倒是還好，但是如果在金融市場上這麼做，通常都會發生事故。Fed 呼籲大家不要投資已經無法承擔當下高利率的企業，要大家在停止線上等

待，我們可以不聽 Fed 的建議，但事後也必然要為此負起責任。

重點在於資金管理

我們往往都認為，有錢人一定是繼承遺產，或是擁有什麼特別的能力。這句話有一半是對的。大部分的人，在 20 歲以前都會活在父母的庇蔭之下，再過 20 年之後就 40 歲了。但是，到了 40 歲的時候，我們還需要拿爸爸沒有留任何財產給我繼承來當藉口嗎？窮人不能成為有錢人的真正原因在別的地方。

經濟總是會上下波動，給予我們機會，特別是在股票市場上，這種波動更是頻繁。市場會形成泡沫，然後再衰退，接著又再度形成泡沫，然後再次衰退。當泡沫形成的時候，就會培養出很多有錢人，但是當衰退來臨的時候，陷入不幸的人就會增加。

了解這個趨勢的人會變成有錢人，不能理解的人就會變得貧窮。在這種情況下，就算從父母身上繼承大量遺產，也有可能一瞬間就消失；但就算是原本一無所有的人，也有可能會上演成為大富翁的逆轉情節。

泡沫形成的時候，要帶著資金逃到安全的地方躲好。我認為投資從某個方面看來，就是一個現金論。投資理論應該以現金作為中心，思考什麼時候要轉移資產，什麼時候要重新回歸現金。反過來說，難道我們不想用現金去買更昂貴的東西嗎？但是我依然認為，歸根究柢，投資的重點就在於持有現金的時間和配比。

等到市場進入衰退期，我們投資什麼都可以，房地產、股票、債券

都能賺到錢。

但是，如果我們一直等到資產價格已經大幅下跌的景氣衰退期，那身上就沒錢了。這個時間點是必須把現金換成某種特定資產的時機，是一個必須要把現金流的配比歸零，甚至進入負值的區間。也許有人會說，沒錢的話，跟銀行借錢不就好了嗎？不過，銀行才不會借給你，反而還會打電話催你償還之前的貸款，因為當市場進入不景氣的時候，銀行也自身難保。身邊的友人身上也沒錢，也不可能借錢給你，父母或親戚們也都處於類似的狀況。當大家錢都不夠的時候，就是不景氣，就是景氣衰退。

●…… 股價變動所引發的投資心態變化

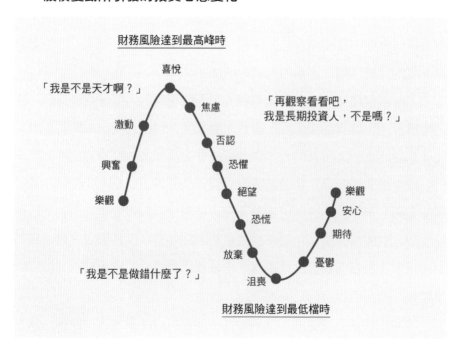

這時候，手持現金或是持有現金等價物的投資人，就有機會以便宜的價格買到他人無法買到的資產，所以他們才能成為有錢人。各位不興奮嗎？每 10 年就會有一次這樣的機會。

所以，有錢人不是擁有特別的能力，而是只有能快速看破這種趨勢的人才能成為有錢人。除此之外，如果你還能積累出在貪婪與景氣循環抗衡的時候控制現金流的能力，就能登上有錢人的行列。

因為我們都是人，投資的時候很難完全擺脫情緒，所以窮人比有錢人更多。只要觀察前面的市場動態，決定什麼時候要增加現金流，什麼時候要勇敢把現金換成資產就可以了。不要踏上人多的道路，而是要走向人煙罕至之處。

只相信你眼前所見的一切

股市裡最重要的一件事，就是分清楚「好像」跟「可以」。一直以來某方面表現都很好的公司，在日後會更有可能在其他方面表現得很好。但是，一直以來都是一團糟的公司，幾乎不太可能在日後突然變得很好。看看那些成功的股票吧！雖然有些股票確實是突然飆漲，但它們大部分是題材股，而且大多數下場都不太好。真正成功的股票，大多是一直以來事業績效都很好，只是市場沒有發現，一直等到人們接二連三開始發現的時候，股價才開始暴漲。

原本業績就不好，也賺不到錢的公司，股價突然好轉上漲，大多都是詐欺，他們是在向股東們訴說著：「我會幫你賺錢，你先投資我們公

司吧！」這句話聽起來就像是有人在跟你說：「我去賭場幫你賺錢，你先給我錢吧！」從事業不確定性來說，這就跟賭場差不多。不過，如果要說這件事跟賭博本質上的區別，就在於這場投資可以預測，甚至還可以預測到自己需要承擔的虧損。

投資的時候，只可以相信你眼前所見的一切，至於未來是不是會有所發展，當作參考就行。最重要的是，觀察這個人、這家企業這段時間以來的表現，以此作為判斷，這是核心所在。以前就做不好的事，沒道理以後就做得好。然而，有些公司一直以來表現都很好，但沒有彰顯出來，只不過到了現在才曝光而已。

成功的投資人，一定會觀察企業的成長。不是企業嘴上說：「我們以後會達到 100 倍，然後上看 1000 倍！」就行了，我們要好好確認銷售額和營業利益，掌握相關的證據。我希望各位不要把投資想得太難，所謂的投資就只是確認數字，然後冷靜地用好的價格買進股票。希望各位不要被情緒左右，最好埋首於數字之中。

成功投資人都在尋找的寶物：
成長與證據

股市渴望成長

　　你們有想過，股票市場上大家最喜歡的詞彙是什麼嗎？就是「成長」，成長好比是股市裡的仙丹。一般來說，領導股會伴隨銷售額的成長一起出現。股票市場上遍布著為了大舉獲利可以忍耐數年的人。

　　即便是傳統產業，也會有因為環境改變出現成長的區間。舉例來說，過去就曾經發生過完全屬於內需股的食品產業，突然因為出口量暴增，從狹小的市場中脫穎而出，成長了 2～3 年的情況；原本通訊設備業者是典型仰賴通訊公司的內需股，但是過去也曾發生通訊設備業者成為三星電子、Nokia、愛立信等企業的外包商（vendor），以全球出口股的身分匯集了力量，後來能量大爆發的案例。

　　影視娛樂原本只能看三大電視公司的臉色，是一個為五斗米折腰的

事業，但隨著 OTT 網路電視服務出現後，影視娛樂的競爭加劇，再加上影視娛樂開始直接輸出給 Netflix 與 Disney+等平台，因進軍全球而大幅成長，股價也相應出現暴漲。

這些案例都直接證明了「股市渴望成長」。看得懂什麼會成長的人在股票市場上成功的機率非常高。

用個簡單的方式來舉例。假設你在學校有一個 3 年來每年都拿全校第一的朋友。按照慣例，當那位朋友拿到考試成績的時候，你一定也會認為他是第一名。這種股票在股市上，很可能早就被吹捧成績優股了，所以價格很可能也已經非常高了。但是，當全校排名第十名左右的朋友突然晉升為第一名的時候，就非常有趣了。股市裡非常喜歡這種成長的後起之秀。

不要誤會成長的意思。舉例來說，當我們聽到消息指出「生技產業日後每年會成長 25％」，就跑去投資「○○生技公司」的話，那就真的太天真了。我們應該要先考慮，這家公司是否已經做好準備，可以完全受惠於該產業的成長，以及仔細研究和思考財務報表上，哪一個地方有證據可以證明該公司的成長。

人們之所以會在尋找成長的路上失敗，大多都是因為他們找的不是眼前可見的成長，而是自己腦海裡幻想的成長。不管是哪一家公司，都不可能跨越可見的成長階段，股價直接暴漲。只靠想像成長的公司，股價的上漲不會持續太久，又會再度向下癱軟，我們往往稱它們為「題材股」。如果沒有辦法挑選出蒸蒸日上的頭等股，盲信產業狀況就投資，若是被套牢，就得辛苦好長一段時間了。

專門投資股票的人，也許有需要去碰這些題材股。為了不讓客人等太久，為了短期內做出成績，很多時候都必須要做做樣子，搭上題材股。

但是大部分閱讀這本書的讀者都沒有必要這麼做。徹底觀察財務報表的成長，認真思考有關產業成長的論述究竟是否屬實，接著再做出投資決策，也完全不會有任何問題。

我的結論是，觀察目前營運良好的公司，從中選出 DNA 優良的公司，然後持續觀察。接著等該公司進軍成長產業，主力開始進行投資，屆時再密切觀察這家公司，做好準備就行了。等到做泡麵包裝的公司開始製造二次電池包裝的材料；鋅工廠搖身成為廢二次電池回收工廠；尼龍公司經由奈米碳管重生為新能源必備的材料業者，市場就會為這些股票歡呼。這種方式不仰賴任何說法，而需要基於過去的參考資料和財務狀態，才有達成的可能。

據說，語言能夠體現出一個人的想法和個性。股票市場上流傳的花言巧語和各種說詞也是如此。被令人眼花撩亂的三寸不爛之舌給迷惑，不僅自己的財產無法增值，反而還可能大虧特虧。在看得見的東西裡尋找看不見的夢想，從中找出證據進行投資，可能才是在股票投資上成功的祕訣。

後記
沒股票才是真的好命

　　1998 年，我剛開始投資股票時，身邊的人都不看好，當時人們往往都認為「股票是一場贏不了的戰爭」。他們認為投資股票最後不只是自己，連家人、朋友都會被牽連，因為負擔不了高額的虧損而跑路，然後淒涼地死去，面對這種悲觀預測，沒有人能夠輕易拿出反駁的證據。

　　就連一輩子辛辛苦苦把孩子帶大的父母，一聽到小兒子說想要炒股，也勃然大怒。父母總是會用一種羨慕的眼神，望著社區裡巍然屹立的郵局和電信局（KT 電信的大樓）說：「真希望我們家兒子也能夠在這棟宏偉的大樓裡有一份穩定的工作，過著安穩的生活」。但是兒子卻用理直氣壯的態度要他們放棄這份希望，還宣示自己「會靠股票功成名就」，不曉得聽在父母耳裡是怎樣的呢？

　　基於他們平常對我的認知，無疑是一場強烈的衝擊，因為股票對於父母來說就如同賭博。我沉迷在股票裡 10 年之後才開始進到證券公司工作，對於父母而言，我就像是一個賭徒般的證券經理人，他們對我肯定除了失望還是失望。

　　「你讀的書比我多，你就做你想做的事。父母死了也就沒了，但賭

得好的人，還能賺點車費過點日子吧？人活著就應該做自己想做的事，沒什麼。」

兒子進到證券公司上班，為什麼我的父親甚至說出：「父母死了也就沒了」這種話！

我一進到證券公司之後，雷曼兄弟就破產，美國房地產危機隨之爆發。1999 年網路泡沫化以後，我經歷了兩次大規模的投資失敗。每當我感到心累的時候，我習慣回到鄉下去看看父母。

「看你這個臉色，發生什麼事了吧？」

面對好幾個月不見的兒子，母親用笨拙但是憂心忡忡的斥責代替了對兒子的問候。那天晚上，父親聽到我搞砸的消息後，不斷抽著菸，他說：「生孩子不能生爬樹的、跑船的和玩股票的，早知道就不生你了……」他自責著自己好幾十年前的錯誤，然後離開了座位。

我的媽媽在鄉下的市場裡，在一個風雨交加時連擋風板都沒有的路邊攤上做著生意，有著鋼鐵心臟的她也嘆息著說：「你也會變那樣吧！」掩飾不住她的失望與深深的悲傷。

隔天凌晨，媽媽正在整理著滿屋子的蘿蔔，她說：

「你也來撿撿看吧！媽媽拚了老命種菜，撿好一捆賣掉可以賺 1,500 韓元，扣掉種菜的成本還剩下 500 韓元。你去上這種班，到底想要賺多少錢？不要再吹牛說你想賺大錢了，別再玩股票了。」

那一天，我一直在思考自己到底要不要辭掉證券公司的工作。我搞砸了一切，也沒有臉再說什麼，我想幫父母按摩，把手放上躺在我面前的父母身上，他們發出陣陣哀嚎，我碰到的每一處都是如此疼痛。我真

的很想死。

「我踐踏了他們懷抱了 30 年的夢想，我真的應該收手不投資股票了。」

我按著媽媽的手，纏繞著白色 OK 繃的指縫中，媽媽的手因為做了粗活而龜裂，我在血滲開來的地方看見了像鑲嵌青瓷一樣、被泥土填滿的痕跡。她連幫自己好好換個 OK 繃和照顧自己的時間都沒有，我緊握著媽媽裂開的手，躺在一旁，無聲地哭了好久。

「媽媽現在是手比較痛，還是心比較痛呢？好吧，我真的得停手了。」

那天晚上我好像下定了決心。當然，這個決心並沒有持續太久……。搞砸之後，原本以為已經沒戲唱的我，面前又出現了一個重新開始的機會。當年 20 幾歲的我，一直只想著要投資股票，想在股票上取得成就，然而當我把放棄當成一個選項，又再度開始思考的時候，我卻不知道我的人生該做什麼，十分茫然。而且搞砸投資這件事也讓我的自尊心非常受創，憤恨難平。

「人不是不管做什麼，只要能堅持 10 年，就會變得很厲害嗎？」我依然無法消弭對自己的失望。想到自己要重新出發，面對著習慣成反覆的挫折感，我就沒有信心。讓父母失望使我感到挫折，我輾轉難眠了幾個月，擔心著我那為數不多的薪資和卡費。

我想起，當我下定決心要踏入股市的那刻起，我的人生就好像被很多不必要的東西介入其中。我的情緒隨著股市的漲跌劇烈起伏，我的日常生活也受到了影響，導致我的人生充滿變動。

「啊，原來沒股票才是真的好命啊！」

吃了兩次「歸零膏」之後，我才體悟到，原來除了股票以外，做做其他事也很不錯。隨著時間流逝，我再次下定決心，要為有始無終的證券人生劃下句點。雖然我沒什麼其他擅長的事，但正常來說，在股票上吃過苦頭之後，應該要遠離它、討厭它，但是我卻發現我又開始在書店裡面看起了股票類的書籍，我當時在想「這就是命運吧？」這件事沒有任何人能勸我，所以我決定，我的目標是「如果我能成功，我要成為幫助最多人的證券經理人」。

我的這番話，聽在某些人耳裡可能不太舒服，也可能讓人感到洩氣。但是每當我有機會給別人建議的時候，我都會先跟對方說：

「你確定要走這條路嗎？如果是我，只要生活還過得去，就絕對不會選股票這條路。你再重新想想吧！如果你想過之後還是想投資股票，一開始就不要太貪心，為了讓自己可以幸福地做投資，要一步一步做好準備。先調整好自己面對股票的立場，然後再去應對市場。如果不這麼做的話，不幸將會找上你。」

這本書囊括了我這段時間以來，對於怎麼做準備才能幸福、不焦慮，且以獨立的判斷做投資，所給出的建議。

書店裡的書，大多數都在告訴大家，應該怎麼做才能成為大富翁。所以人們對於股票投資抱持著幾近妄想的期待，站在天真和模稜兩可的立場上開始投資。這麼做，就好比你只帶了一件 T 恤和拖鞋，就想要離開家裡，進行為期一年的背包旅行。投資的世界裡有著四季，不會只有炙熱和豐饒的季節，也肯定會有冷冽且淒涼的季節，我們首先必須要

認知到這一點。即便一開始你認為不必要，但至少在股市寒冬的時候，要先做好最低限度的準備，才能防止日後股市變化帶來最不幸的情況。

2018 年 Fed 開始調漲利率的時候，我決心不再重蹈覆徹，開始研究 1970 年代之後的緊縮政策，和這 50 年來的不幸。調查結束之後，我領悟出了一切。Fed 每次都用相同的方法，在述說和執行著一樣的政策，我終於知道為什麼，我每次都有不同的感覺，為什麼每次都覺得投資很困難了。

Fed 和股票市場密切的關係，就像是心跳脈搏與呼吸聲一樣，永遠都有規律。兩者之間互相牽連，充滿邏輯，而且它們的行為和波動基於非常明確的標準之上，只是過去的我不懂罷了。

想要致富的方法非常簡單。只要在 Fed 推動流動性的區間內增加風險資產的投資，然後在情況相反的時候，準備好現金流，暫停投資就行了。如果不能在危險的情況不貪婪，在該退縮的時候不能妥善做出應對，那麼等到真正需要鼓起勇氣的時候，反而會陷入恐懼和害怕之中。

人類的貪婪永無止盡，而且會重複犯下相同的錯誤。希望本書可以成為各位投資人的工具，帶領大家戰勝反覆的失敗。

最後，本書要獻給就算我每天黏在書桌前也絲毫不抱怨的女兒，以及說逛街是她最幸福時光的老婆。更重要的是，要獻給已經年逾八旬的林執事老母親，她說這四十年來，每天凌晨的禱告是自己最幸福的時光，她連用餐時也不忘感謝上帝對子女的照顧。此外，還要獻給一直健健康康陪伴在老母親身旁的酒太白老父親。

謝謝你們一直以來的信任與鼓勵。

國家圖書館出版品預行編目 (CIP) 資料

買入時機／賣出時機／獲利時機：輕鬆判讀經濟指標、自信選股的
散戶進擊投資法／康榮賢著;蔡佩君譯.-- 初版.-- 新北市:方舟文化,
遠足文化事業股份有限公司,2024.04
264 面;17×23 公分.--（致富方舟;12）
譯自：살 때, 팔 때, 벌 때
ISBN 978-626-7442-04-3（平裝）
1.CST：股票投資　2.CST：投資技術　3. CST：投資分析

563.53　　　　　　　　　　　　　113001523

方舟文化官方網站

方舟文化讀者回函

致富方舟 0012

買入時機／賣出時機／獲利時機
輕鬆判讀經濟指標、自信選股的散戶進擊投資法

作者　康榮賢｜譯者　蔡佩君｜選題企劃　邱昌昊｜封面設計　Bert.design｜內頁設計　Atelier
Design Ours｜內頁排版　菩薩蠻電腦科技有限公司｜主編　錢滿姿｜副主編　李芊芊｜行銷經理
許文薰｜總編輯　林淑雯｜出版者　方舟文化／遠足文化事業股份有限公司｜發行　遠足文化事業
股份有限公司（讀書共和國出版集團）　231新北市新店區民權路108-2號9樓　電話：（02）2218-
1417　傳真：（02）8667-1851　劃撥帳號：19504465　戶名：遠足文化事業股份有限公司　客服專
線：0800-221-029　E-MAIL：service@bookrep.com.tw｜網站　www.bookrep.com.tw｜印製　中原造像
股份有限公司｜法律顧問　華洋法律事務所　蘇文生律師｜定價　480元｜初版一刷　2024年4月｜
初版二刷　2024年7月

살 때, 팔 때, 벌 때
(TIMING TO BUY, SELL, MAKE A FORTUNE)
Copyright © 2023 by 강영현 (KANG, Young-hyun, 康榮賢)
All rights reserved.
Complex Chinese Copyright © 2024 by Walkers Culture Co., Ltd./ Ark Culture Publishing House
Complex Chinese translation Copyright is arranged with BOOK21 PUBLISHING GROUP
through Eric Yang Agency

有著作權·侵害必究。特別聲明：有關本書中的言論內容，不代表本公司／出版集團之立場與意見，文責由作者
自行承擔。缺頁或裝訂錯誤請寄回本社更換。歡迎團體訂購，另有優惠，請洽業務部（02）2218-1417#1124

RICH ARK

致富方舟